作手操盘之

定胜手册

主编◎高恺

中国宇航出版社

·北京·

版权所有　侵权必究

图书在版编目（CIP）数据

作手操盘之定胜手册 / 高恺主编. -- 北京 : 中国宇航出版社, 2025.1(2025.7重印). -- ISBN 978-7-5159-2482-3

Ⅰ. F830.91

中国国家版本馆CIP数据核字第2024R6V880号

| 责任编辑 | 卢　册 | 封面设计 | 李海蓝　付洪铃 |

出　版 发　行	中国宇航出版社		
社　址	北京市阜成路8号 （010）68768548	邮　编	100830
网　址	www.caphbook.com	版　次	2025年1月第1版 2025年7月第4次印刷
经　销	新华书店	规　格	889×1194
发行部	（010）68767386 （010）68767382	（010）68371900 （010）88100613（传真）	开　本 1/16 印　张 4.5 字　数 62千字
零售店	读者服务部 （010）68371105	书　号	ISBN 978-7-5159-2482-3
承　印	天津画中画印刷有限公司	定　价	59.00元

本书如有印装质量问题，可与发行部联系调换

《作手操盘之定胜手册》编委会

主　编：高　恺

副主编：连阳明　李章廷　傅　隆　惠连章

目录

一、板块监测盘面之盘面概览 ………… 01

二、板块监测盘面之功能分区 ………… 02

三、板块监测盘面之功能导航 ………… 03

（一）板块监测功能介绍 ………… 03

1. 了解板块分类 ………… 03

2. 关注板块指数 ………… 04

3. 比较板块相对表现 ………… 05

4. 查看板块内个股情况 ………… 08

5. 利用技术指标分析 ………… 10

（二）板块监测的作用 ………… 11

1. 板块效应的影响 ………… 11

2. 预判行业内发展趋势 ………… 11

3. 分散风险 ………… 11

4. 挖掘投资机会 ………… 12

（三）五大技术指标详解 ………… 12

1. 移动平均线（MA） ………… 12

2. 成交量（VOL） ………… 18

3. 平滑异同移动平均线（MACD） ………… 28

4. 顺势指标（CCI） ………… 37

5. 相对强弱指标（RSI） ………… 44

（四）板块监测实战分享 ………… 54

1. 涨幅排行初筛选 ………… 54

2. 走势图里找主力 ………… 55

3. 技术指标定乾坤 ………… 58

一、板块监测盘面之盘面概览

板块监测盘面的基本界面如图所示。

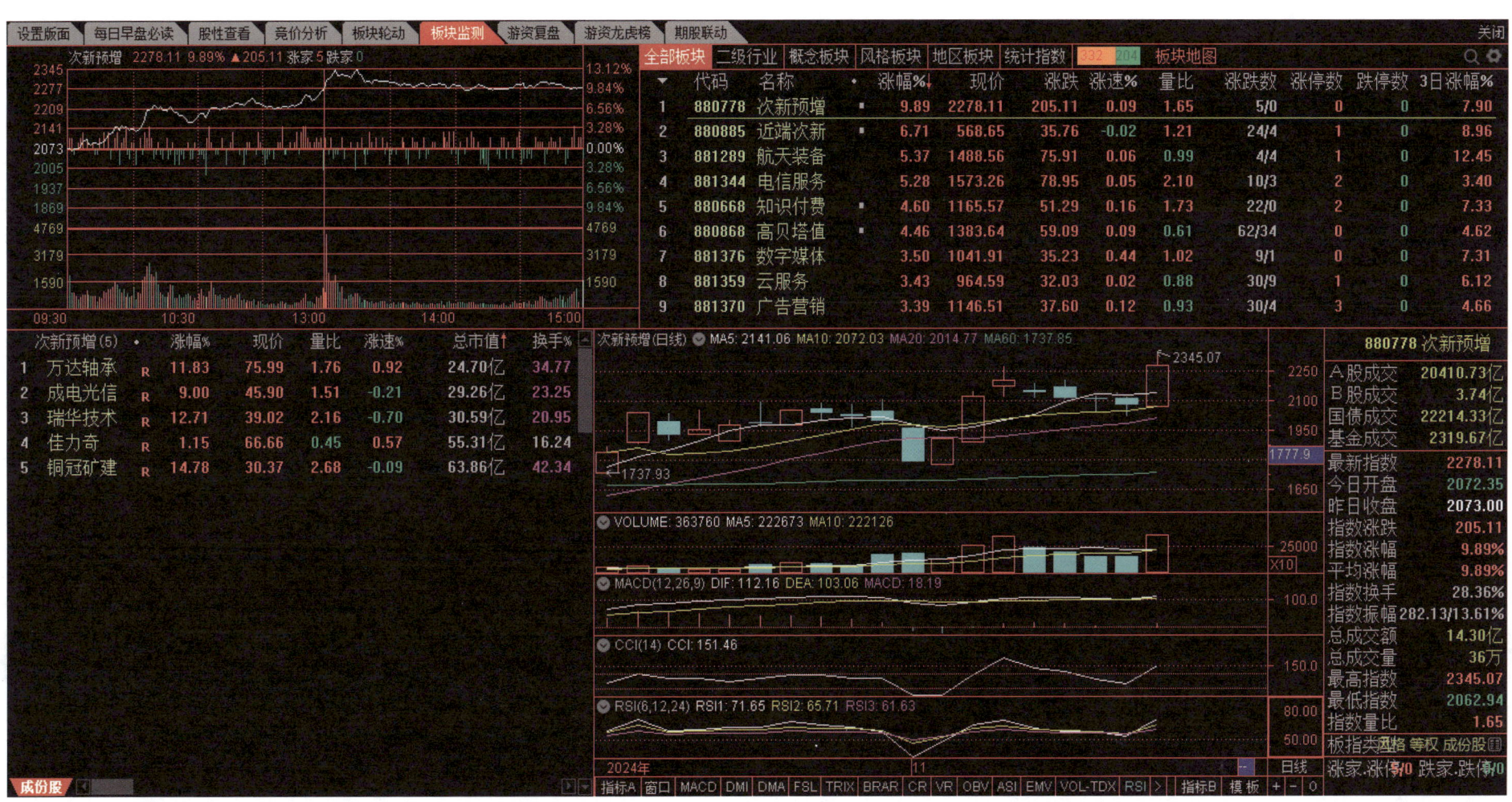

二、板块监测盘面之功能分区

板块监测盘面的功能分区如图所示。

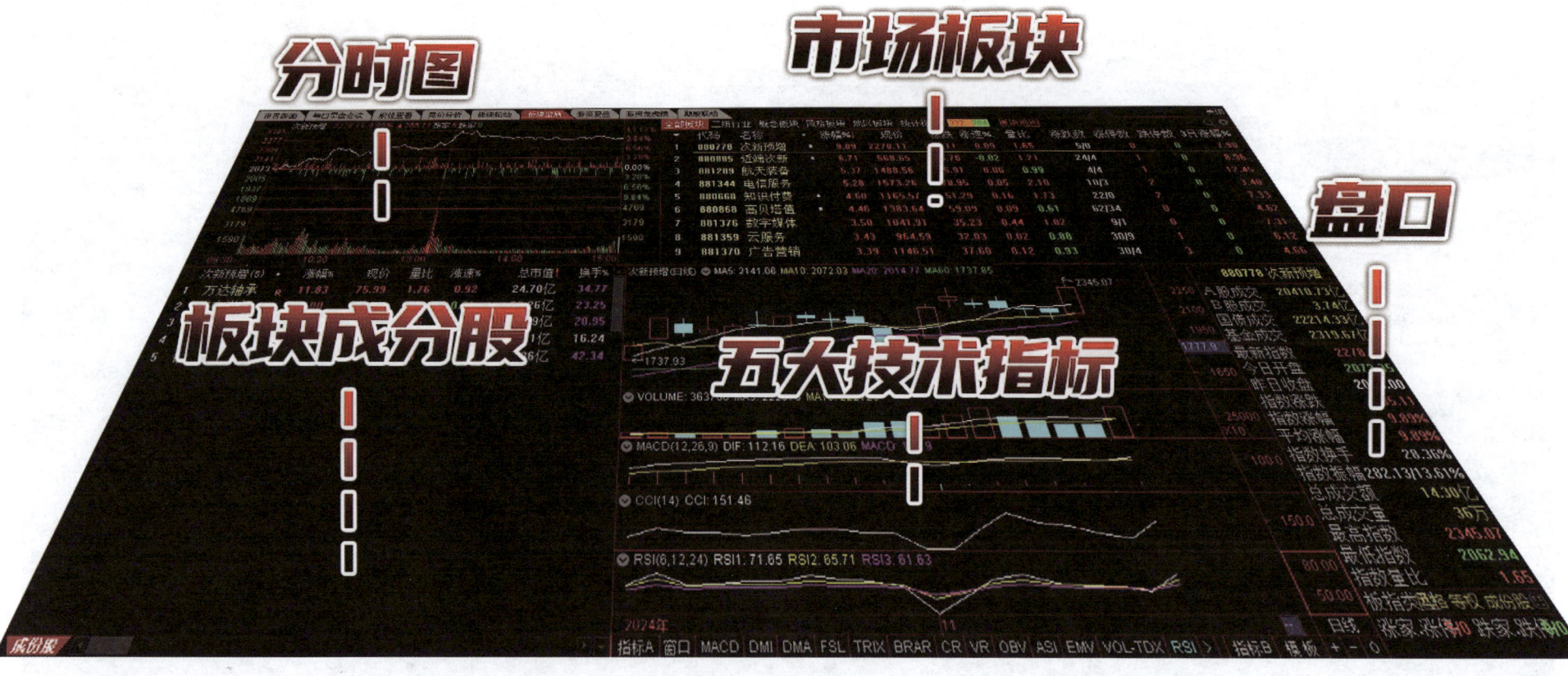

三、板块监测盘面之功能导航

（一）板块监测功能介绍

在股票投资中，了解板块动向及其异动，对于投资者来说是至关重要的。投资者学会监测股票板块的异动，才能更好地把握市场运行的脉搏。

1. 了解板块分类

首先，投资者需要对股市中的板块进行分类。板块通常根据行业、概念、地域或风格进行划分。了解不同板块的特点和发展趋势，可以帮助投资者更好地监控特定板块的动向。

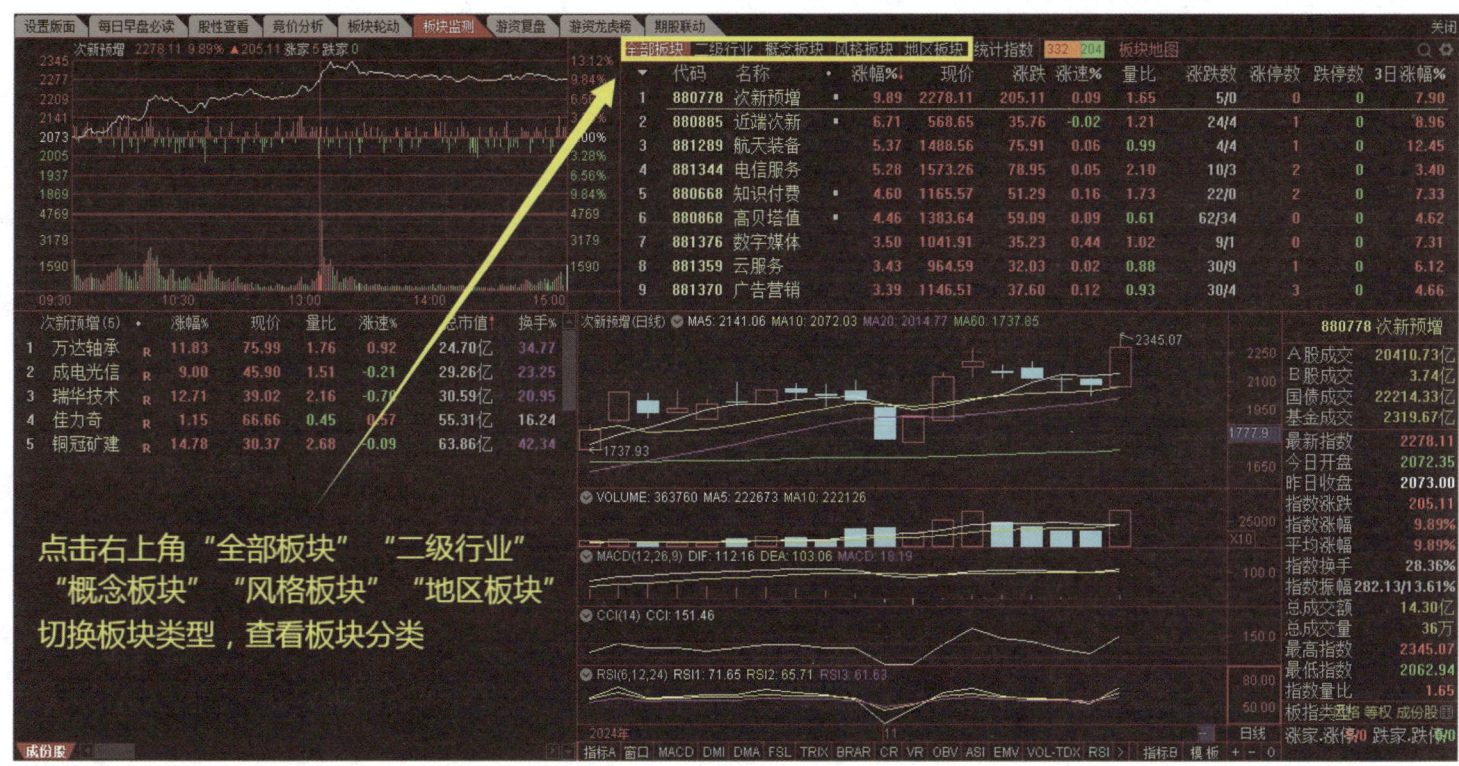

点击右上角"全部板块""二级行业""概念板块""风格板块""地区板块"切换板块类型，查看板块分类

2. 关注板块指数

　　各个板块都有自己的指数，如银行指数、房地产指数、科技板指等。投资者可以通过观察这些指数的走势，判断相关板块的整体表现。同时要关注指数的波动幅度和成交量，这些信息可以透露板块的活跃度和市场情绪。

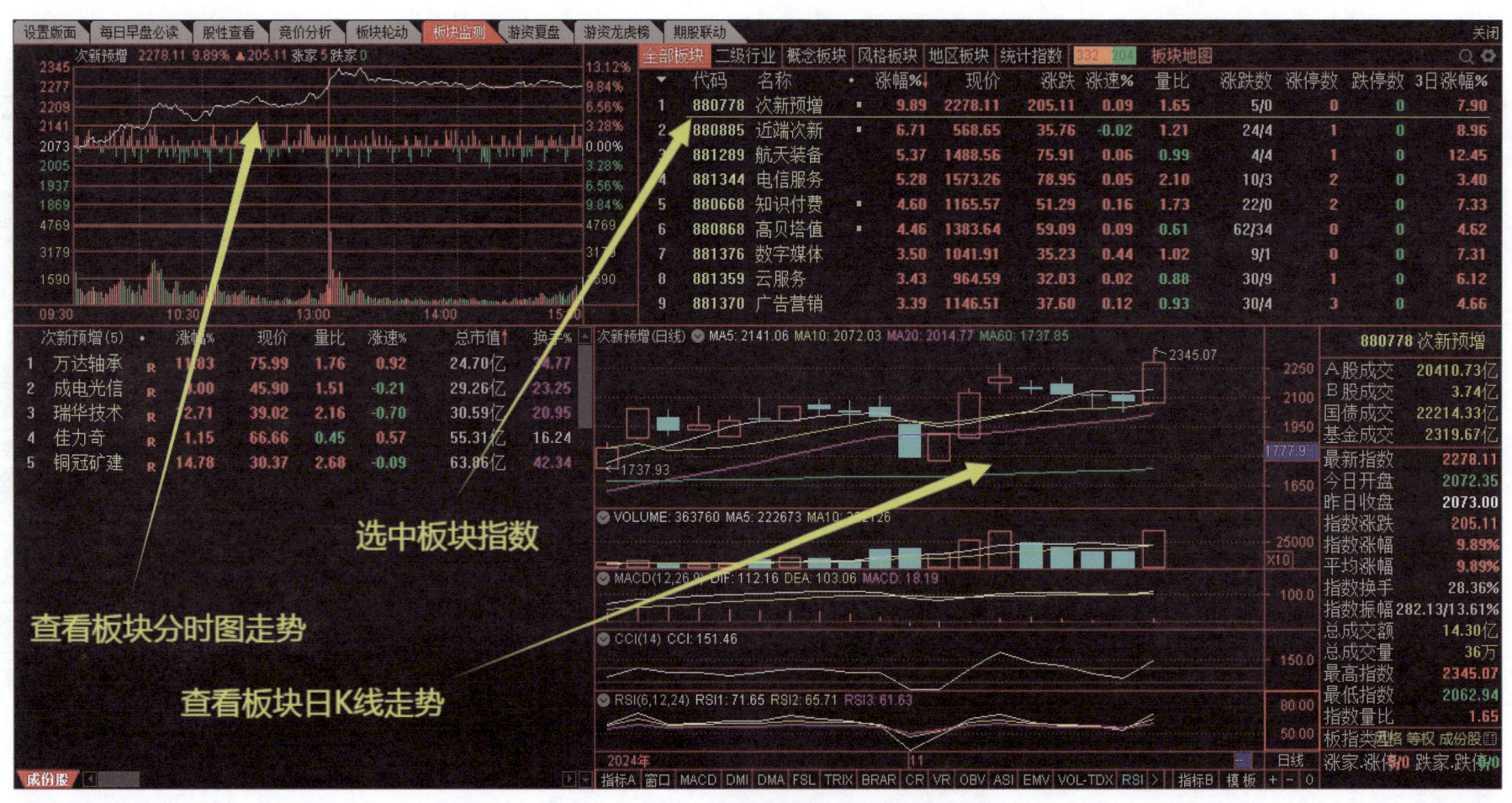

3.比较板块相对表现

投资者不仅需要关注单个板块的表现,还要比较不同板块的相对强弱表现。通过对比不同板块的涨幅、成交量等数据,可以更直观地发现哪些板块受到市场青睐,哪些可能存在风险。

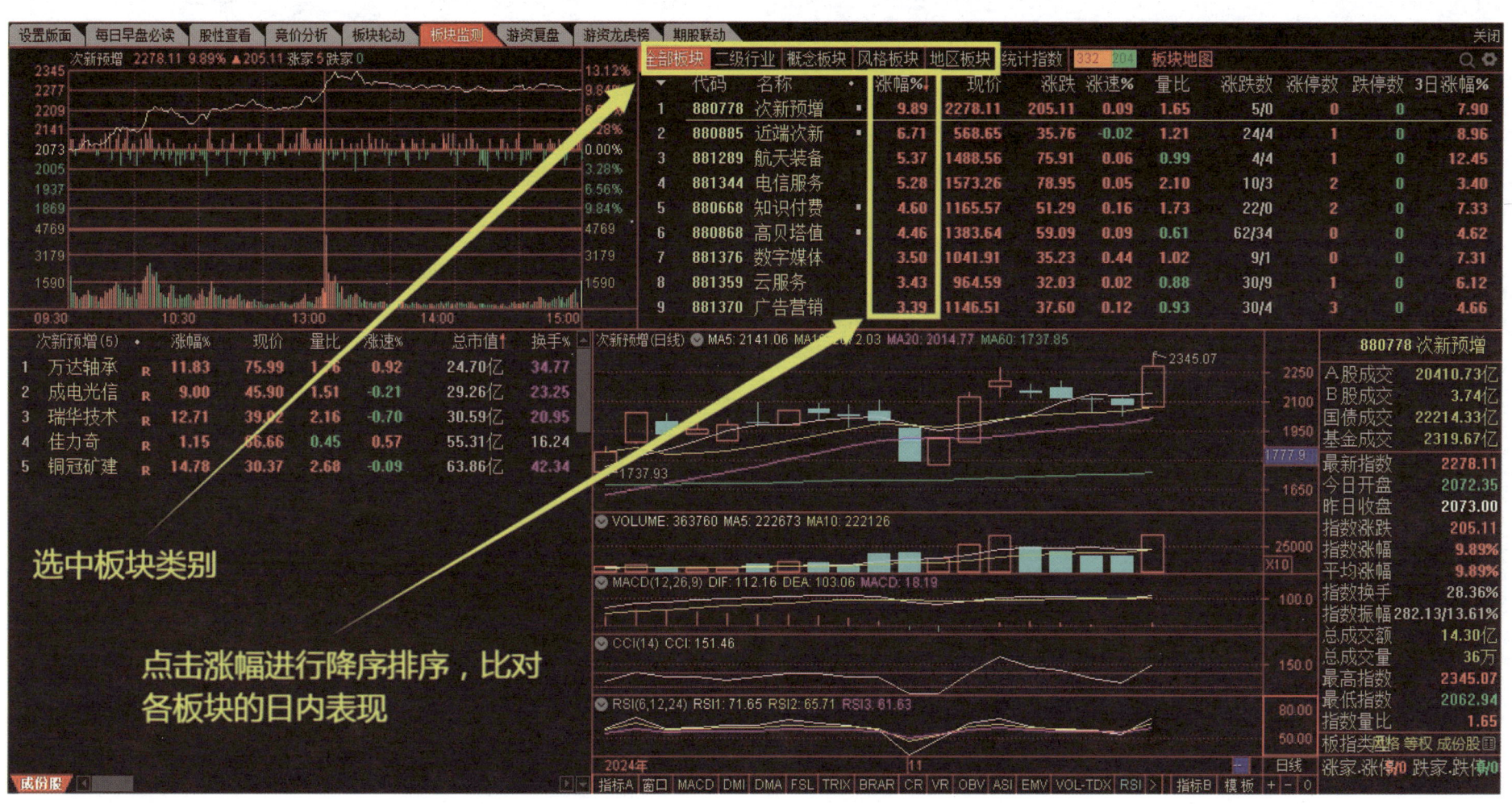

作手操盘之定胜手册

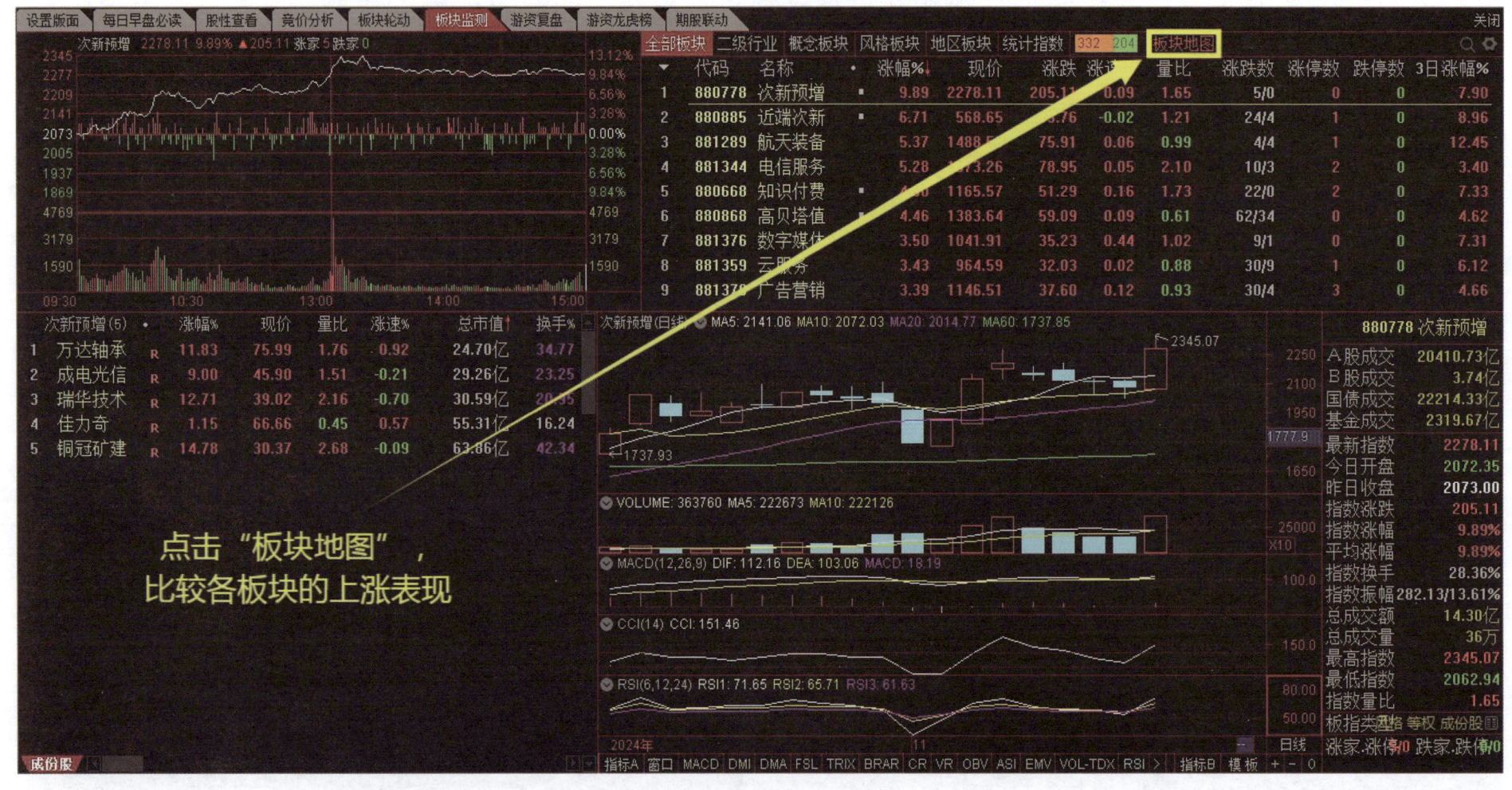

点击"板块地图"，比较各板块的上涨表现

板块监测盘面之功能导航

4.查看板块内个股情况

异动的板块，其板块中的个股往往在较短的时间内出现了急剧拉升的情况，同时板块也受个股的影响，在短期内出现大幅上涨。

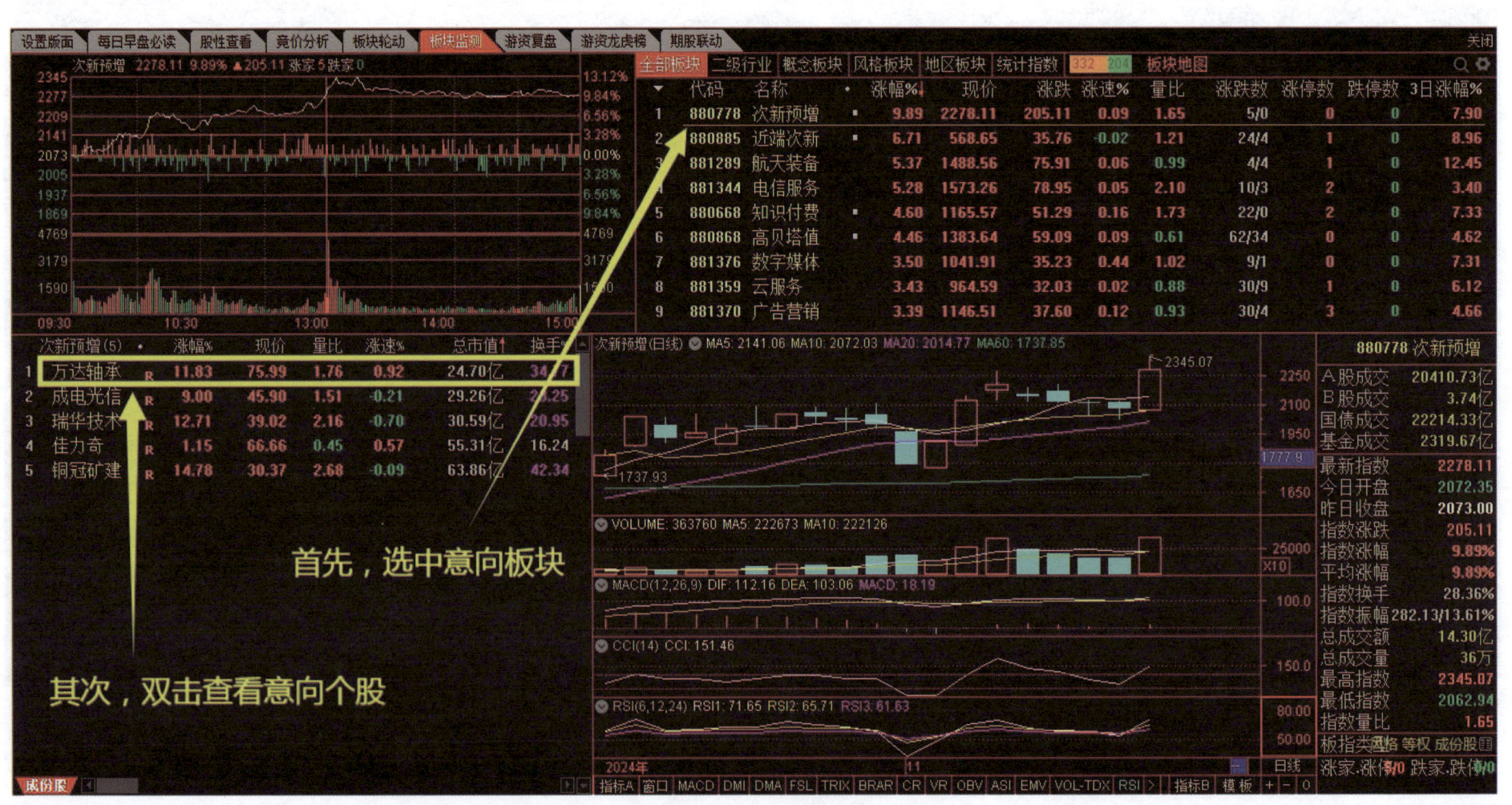

板块监测盘面之功能导航

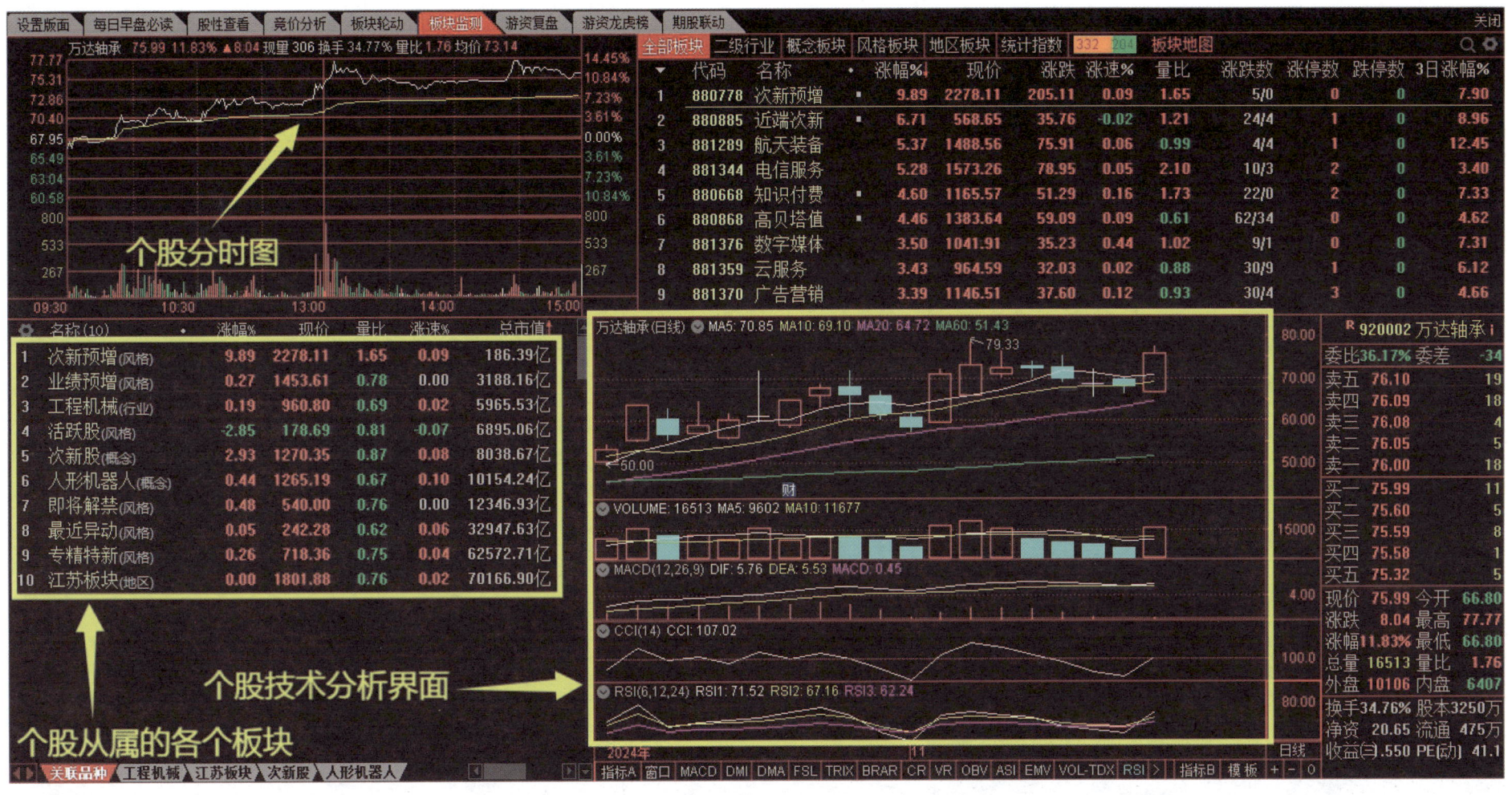

5.利用技术指标分析

技术指标是一种常用的监测工具，可以帮助投资者识别板块的异动信号。例如，通过观察板块价格的支撑位和阻力位，可以预判其可能的波动范围。此外，均线系统、MACD指标等技术指标也能提供有用的信息。

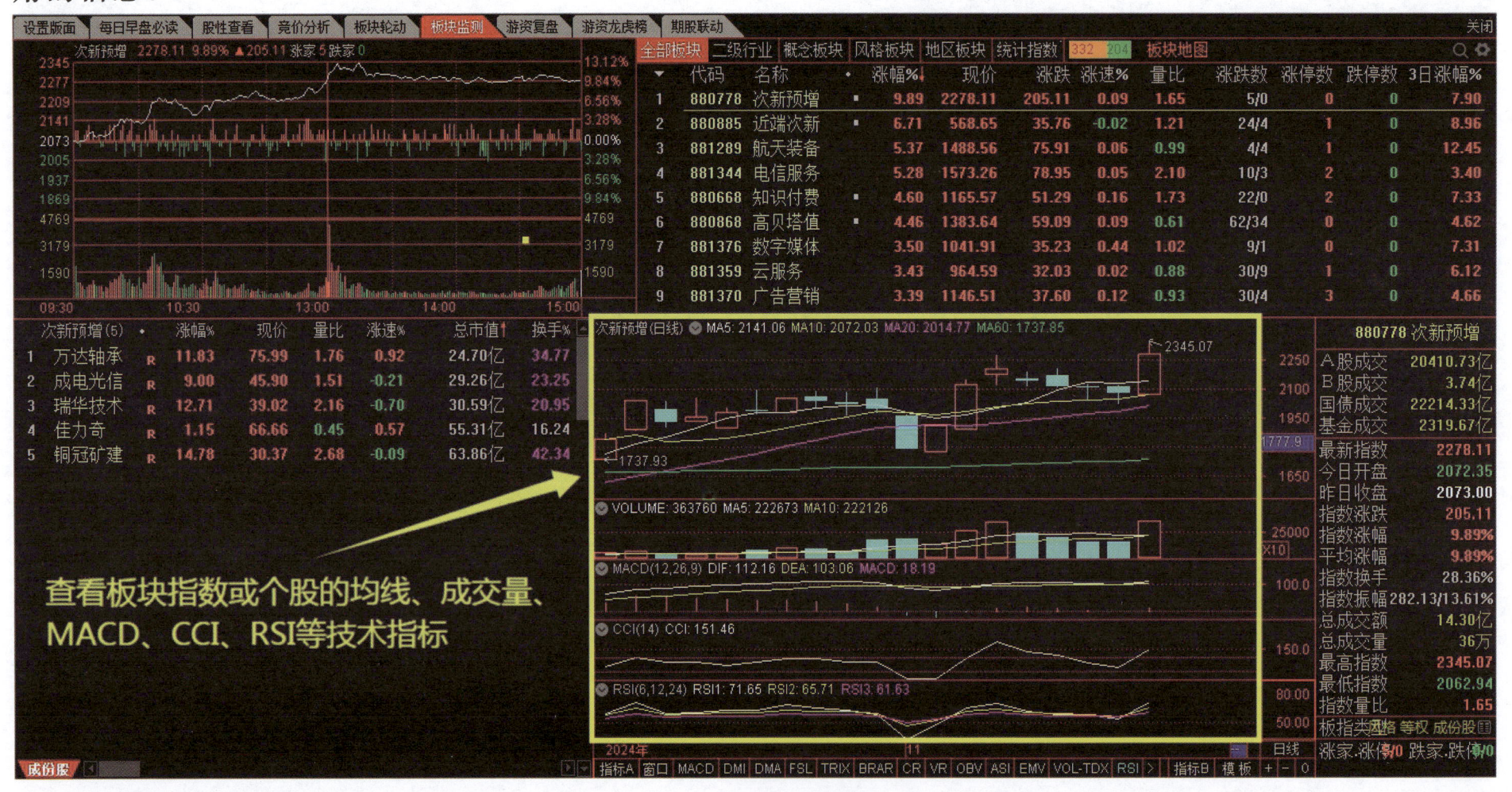

查看板块指数或个股的均线、成交量、MACD、CCI、RSI等技术指标

监测股票板块的异动，需要投资者具备一定的专业知识和技能。通过了解板块分类，关注板块指数，利用技术分析，比较板块相对表现，以及查看板块内个股情况，投资者可以更准确地把握市场动态，从而做出更明智的投资决策。

（二）板块监测的作用

在研究股票市场时，对板块的监测至关重要。

1.板块效应的影响

股票市场中的板块效应十分显著，同一板块内的股票，往往受到共同因素的影响，如行业政策、市场需求等，导致板块内的股票同步涨跌。通过监测板块动向，投资者可以更准确地把握市场的整体趋势，捕捉投资机会。

2.预判行业发展趋势

通过监测不同的股票板块，投资者可以观察各行业的发展趋势。不同板块的增长速度、盈利能力、竞争格局等方面的差异，都能为投资者提供有价值的信息。这些信息有助于投资者做出更明智的投资决策，选择具有潜力的行业进行投资。

3.分散风险

在股票投资中，过度集中投资于某一行业或个股，可能会增加投资风险。通过研究多个板块，投资者可以将资金分散投资到不同行业、不同领域的股票中，从而降低单一投资的风险。

4.挖掘投资机会

股票市场中有很多投资机会,通过监测研究不同的板块,投资者可以发现被市场低估的股票,或者捕捉到某一板块因特定事件带来的短期投资机会。这种深入研究,有助于投资者挖掘出更具投资价值的股票。

总之,监测股票板块动向,对于投资者而言具有重要意义。它能帮助投资者更好地理解市场动态,把握行业发展趋势,分散投资风险,发现更多的投资机会。在股票投资中,对板块的深入研究与监测,是提升投资能力、实现投资目标的重要手段之一。

(三)五大技术指标详解

板块监测的技术指标分析模块分为五个部分,分别是移动平均线、成交量、MACD、CCI、RSI五大技术指标。投资者在使用时,可以根据自己的喜好进行切换。

1.移动平均线(MA)

移动平均线(MA)是将某一段时间内股指或股价的平均值画在坐标图上所连成的曲线,可以用来研判股价未来的运行趋势。

其公式为:$MA=(C_1+C_2+C_3+\cdots+C_n)/n$

其中,C为某日收盘价,n为移动平均周期。

移动平均线常用的周期有5日、10日、20日、40日、60日、120日和250日。

其中，5日、10日和20日是短期移动平均线，是短线交易的参照指标，称为月均线指标；20日、40日和60日是中期均线指标，称为季均线指标；120日（半年线）、250日（年线）是长期均线指标，称为年均线指标。

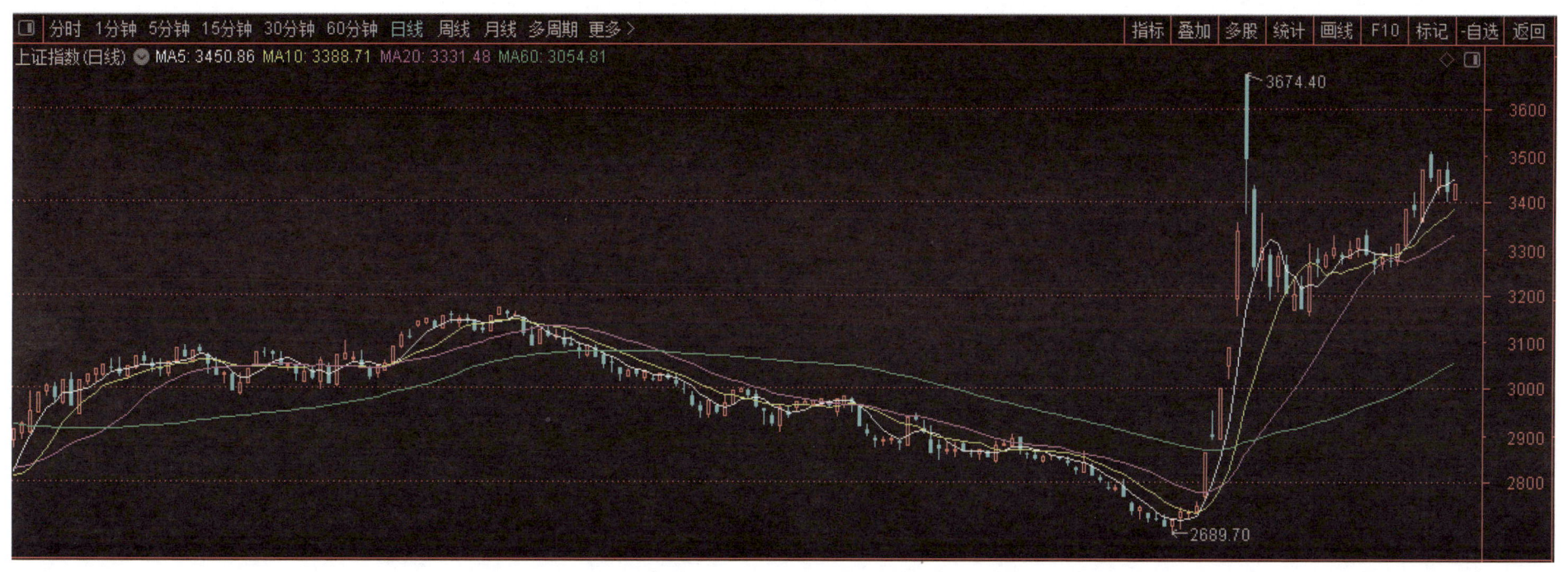

图中显示了已经学到的所有均线。如果感觉混乱，可以把经常用到的均线调出来，比如只显示月均线指标或季均线指标。投资者可以自行设定参数。

（1）MA的特点

①追踪趋势。

关注价格趋势，并追随这个趋势，不轻易放弃。如果从股价的图表中能够找出上升或下降趋势线，那么，MA的曲线将保持与趋势线方向一致，能消除股价在这个过程中出现的起伏。

②滞后性。

在股价原有趋势发生反转时，由于MA具有追踪趋势的特性，其行动往往过于迟缓，调头速度落后于大趋势，这是MA一个极大的弱点。等MA发出反转信号时，股价调头的深度已经很大了。

③稳定性。

从MA的计算方法就可以知道，要比较大地改变MA的数值，无论是向上还是向下，都比较困难，必须是当天的股价有很大的变动，因为MA的变动不是一天的变动，而是几天的变动。这种稳定性有优点，也有缺点，在应用时应多加注意，把握好分寸。

④助涨助跌性。

当股价突破MA时，无论是向上突破还是向下突破，股价有继续向突破方向再走一程的愿望，这就是MA的助涨助跌性。

⑤支撑线和压力线的特性。

由于MA的上述4个特性，使得它在股价走势中起到支撑线和压力线的作用。

（2）MA的排列

①**移动平均线多头排列。**

当股指或股价上涨时，移动平均线托着K线上升，也就是K线在均线的上方，这种现象叫做多头排列。出现多头排列时，是投资者的持股期。

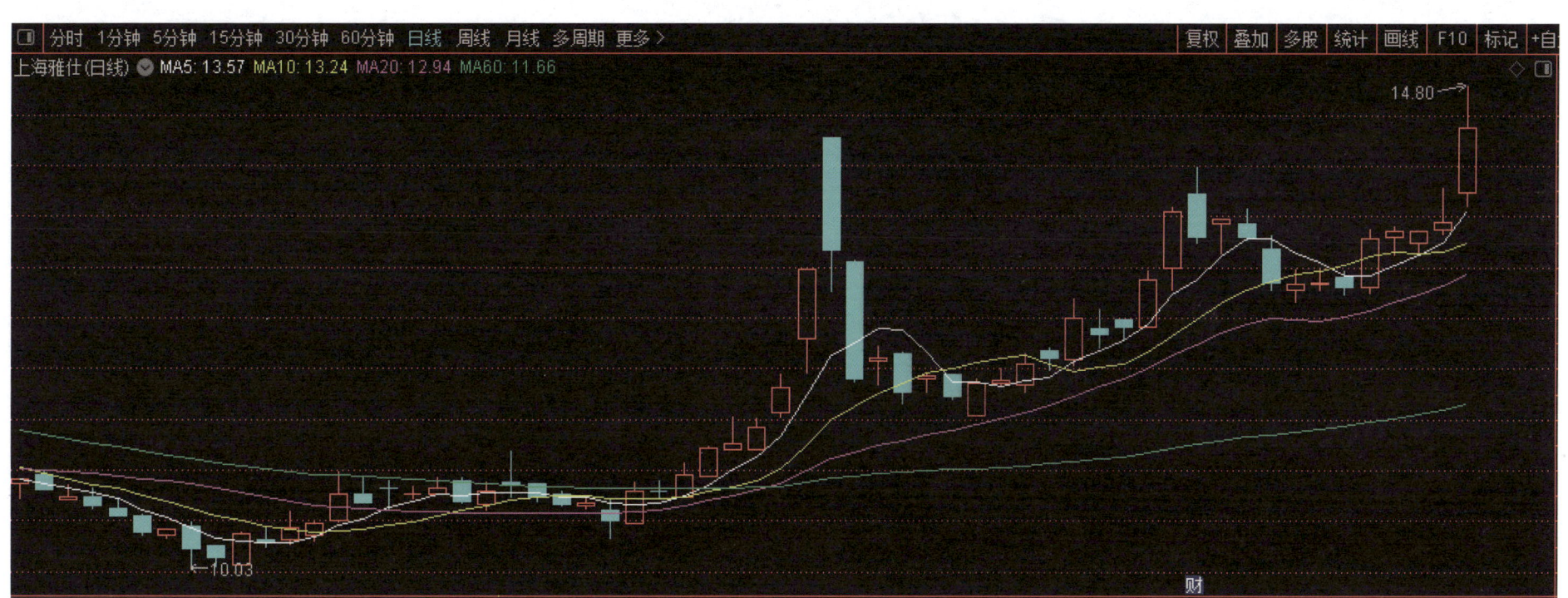

②**移动平均线空头排列**。

当股价或股指下跌时，移动平均线由大到小自然排列，从K线的右上方压制K线向右下方行进，这种现象叫做空头排列。出现空头排列时，是投资者的持币期。

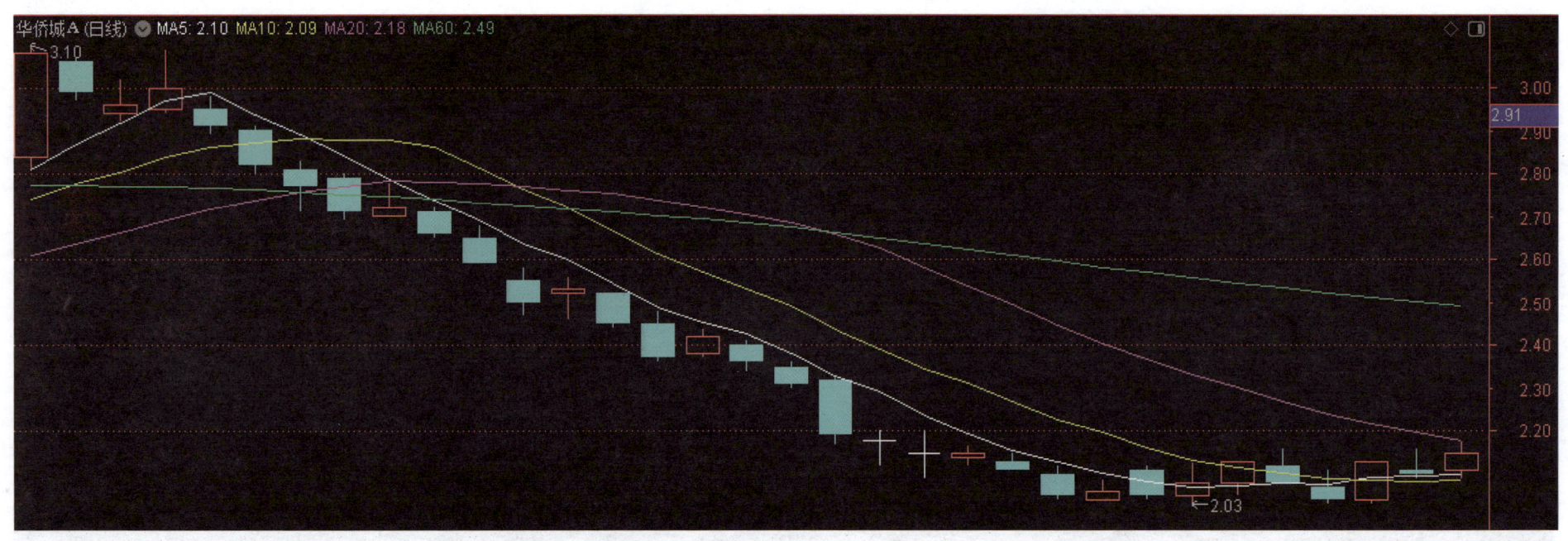

•案例分析

金辰股份（603396）2022年1月至2022年10月K线走势图

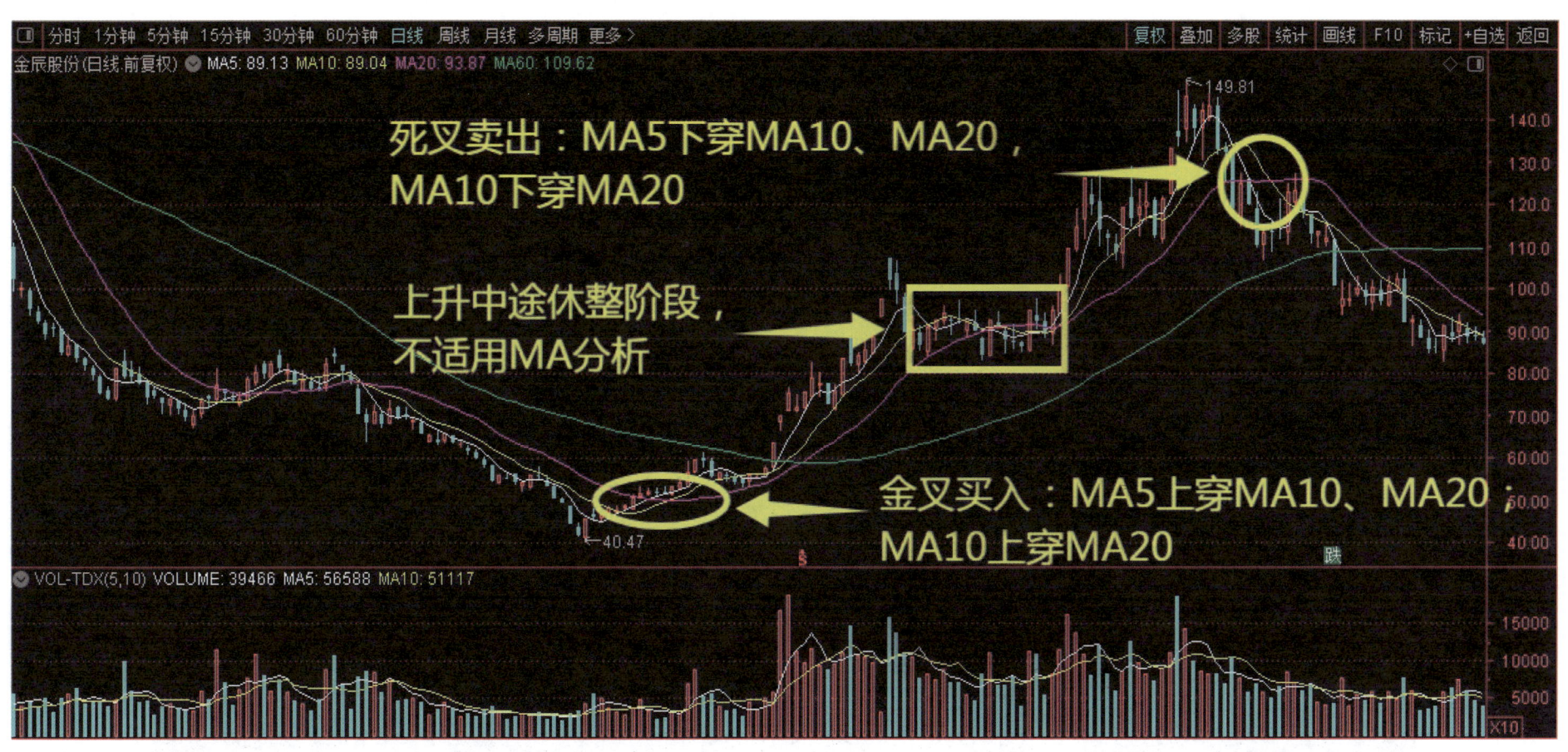

2. 成交量（VOL）

股市中的VOL是成交量指标。成交量是指个股或大盘在一定时间内的成交总手数，在形态上用一根立式的柱子表示。左侧的坐标值与柱子的横向对应处，就是当日当时的成交总数。如当天收盘价高于或等于当天的开盘价，成交量柱呈红色；反之，成交量柱呈绿色。

绿柱表示当天的收盘指数是下跌的，红柱则表示当天的收盘指数是上涨的。（5，10）分别代表5天、10天的平均成交量。VOL是成交量类指标中最简单、最常用的指标，以成交量柱线和两条简单的平均线组成。

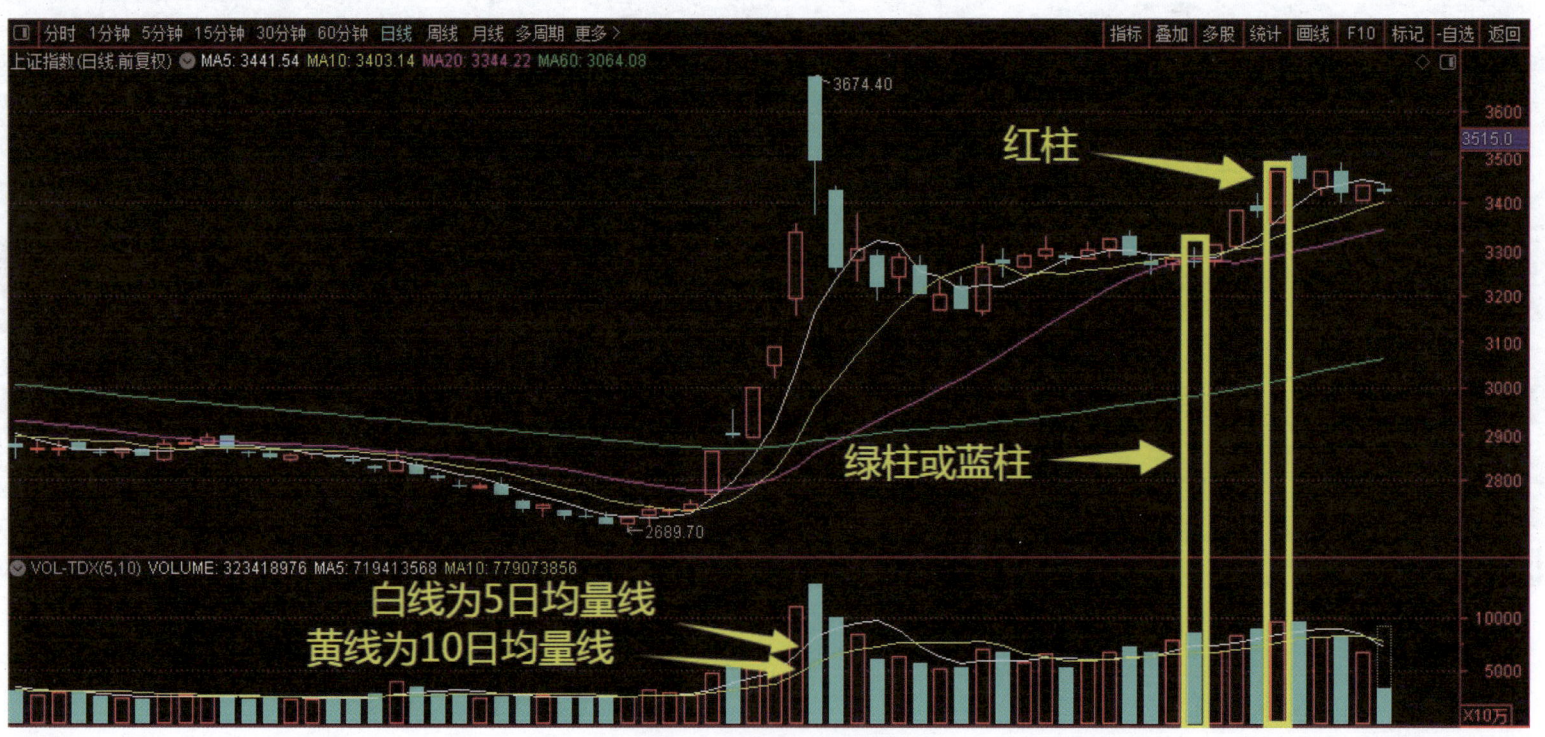

成交量（VOL）指标是股市中常用的技术分析工具之一，反映了市场的活跃度和价格走势。成交量的变化可以帮助投资者判断市场的买卖力量，是技术分析中不可或缺的一部分。

（1）成交量的市场含义

①逐步攀升的成交量。

当成交量逐步攀升但价格不怎么波动时，通常意味着市场处于底部阶段，有资金参与，但投资者的观望情绪较重。

②再次逐步放大的成交量。

当成交量再次逐步放大，价格开始上涨，说明市场开始活跃，可能是买入信号。

③成交量基本保持不变。

当成交量基本保持不变但价格逐步攀升，说明主力已经控盘，股价可能继续上涨。

④成交量开始萎缩。

当成交量开始萎缩但价格依旧攀升，说明主力开始出货，需要引起警惕。

⑤成交量变化不大但价格大幅波动。

说明市场缺乏动力，可能面临调整或反转。

（2）均量线的研判方法

价、量是技术分析的基本要素，一切技术分析方法都以价量关系为研究对象，其重要性可见一斑。但单日成交量（或成交额）往往受到偶然因素的影响，不一定能反映多空力量的真实情况。

均量线则弥补了这方面的不足，它借鉴移动平均线的原理，将一定时期内的成交量相加后平均，在成交量的柱状图中形成较为平滑的曲线，是反映一定时期内市场平均成交情况的技术指标。

①买入信号。

当股价经过长期下跌后，进入横盘整理阶段。

此时成交量一般较小，5日均量线与10日均量线呈现黏合状态，大部分时间成交量柱都萎缩在5日和10日均量线之下。

在这种前提条件下，如果成交量开始小幅温和放大，突破了5日和10日均量线，随后5日均量线与10日均量线形成金叉，此时需要高度关注。如果股价的5日均线和10日均线也同步形成金叉，此为较好的买入信号。

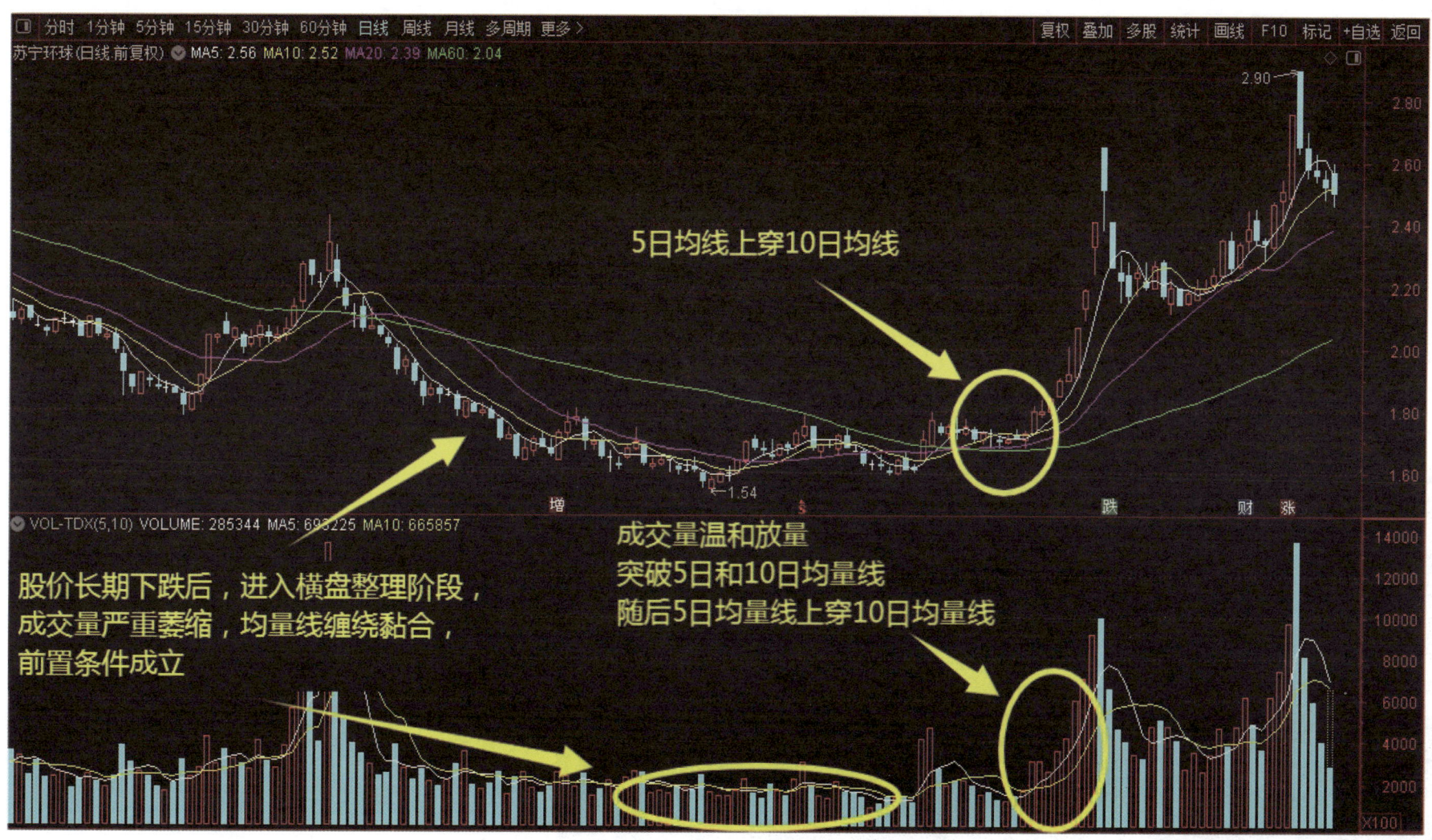

如图所示，该股长期下跌后进入横盘整理阶段，这里也可能出现地量阴跌，均量线相互缠绕黏合。画圈位置，股价开始温和放量上涨，成交量柱突破5日和10日均量线，随后5日均量线上穿10日均量线形成金叉，同时股价的5日均线上穿10日均线，此后股价开启了新一轮升势。

②持有信号。

当股价开始新一轮上涨行情时，成交量经常会呈现一种逐步放大的态势。成交量柱一直在5日和10日均量线之上运行，且5日和10日均量线持续向右上方运行，说明该股有增量资金参与，股价的上涨行情将得到延续，此时在操作上应以持股为主。股价上扬，均量线上扬，量价不断创新高，其实是显示了市场人气聚集的过程。

在量增价升的中后期，成交量虽然还在升高，但相对于上涨初期，其上升幅度已经大幅减弱，整个过程就是从温和到激增，再到温和的过程，也就是向着量平过渡。这个阶段的运行时间往往较长，均量线的持有信号正是出现在这个阶段。

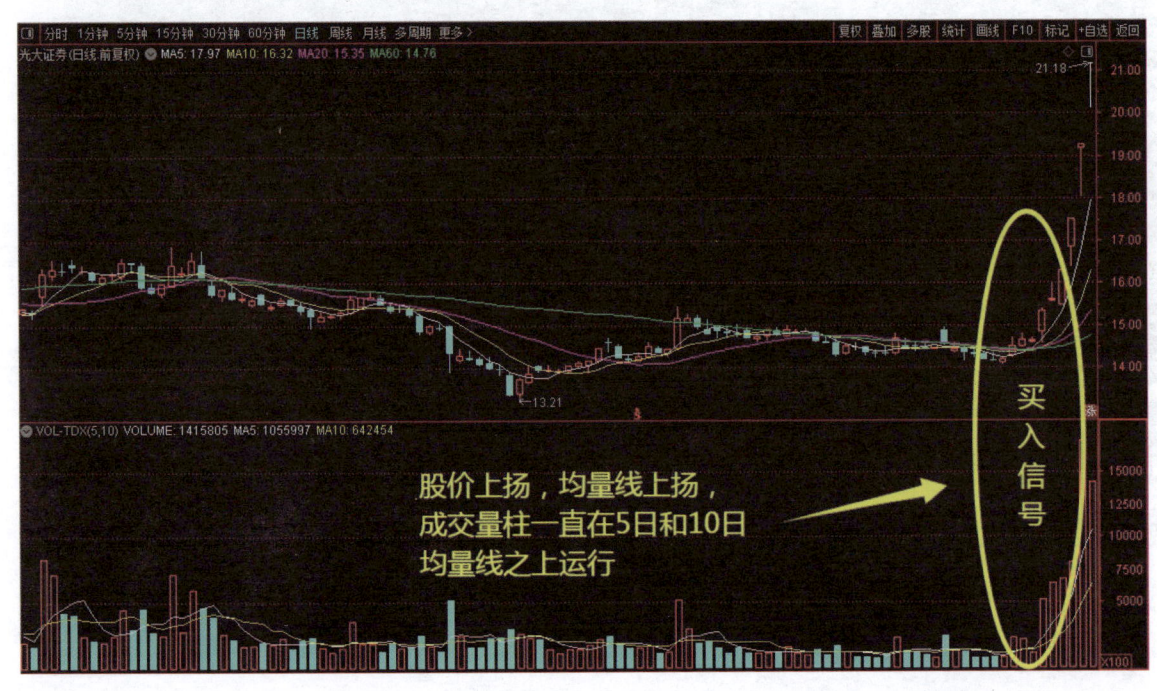

如图所示，该股在买入信号发出后，均量线一直同步于股价，整体向右上方运行，成交量柱大部分时间也都在5日和10日均量线上方运行，说明不断有增量资金参与其中，此阶段应坚定持股。

③背离信号。

　　当上涨行情进入中后期，尽管股价还在波动中不断创出新高，但成交量却连续回落至均量线以下运行，或者均量线走平甚至下行，股价的运行方向与均量线的运行方向已经出现了背离现象，这说明市场对于该股票的跟风追涨意愿已经发生了变化，股价随时有可能发生变盘。此时应高度关注，做好随时卖出离场的准备。

　　根据不同股票的运行风格，这个阶段持续的时间长短不一。

　　如图所示，该股前期呈现放量上涨，均量线与股价同步运行，大多数成交量柱都在均量线以上运行。到了后期，股价继续上升，而成交量柱已经大部分萎缩在均量线以下，均量线也由升转降，与股价运行方向发生背离，此时应高度关注。

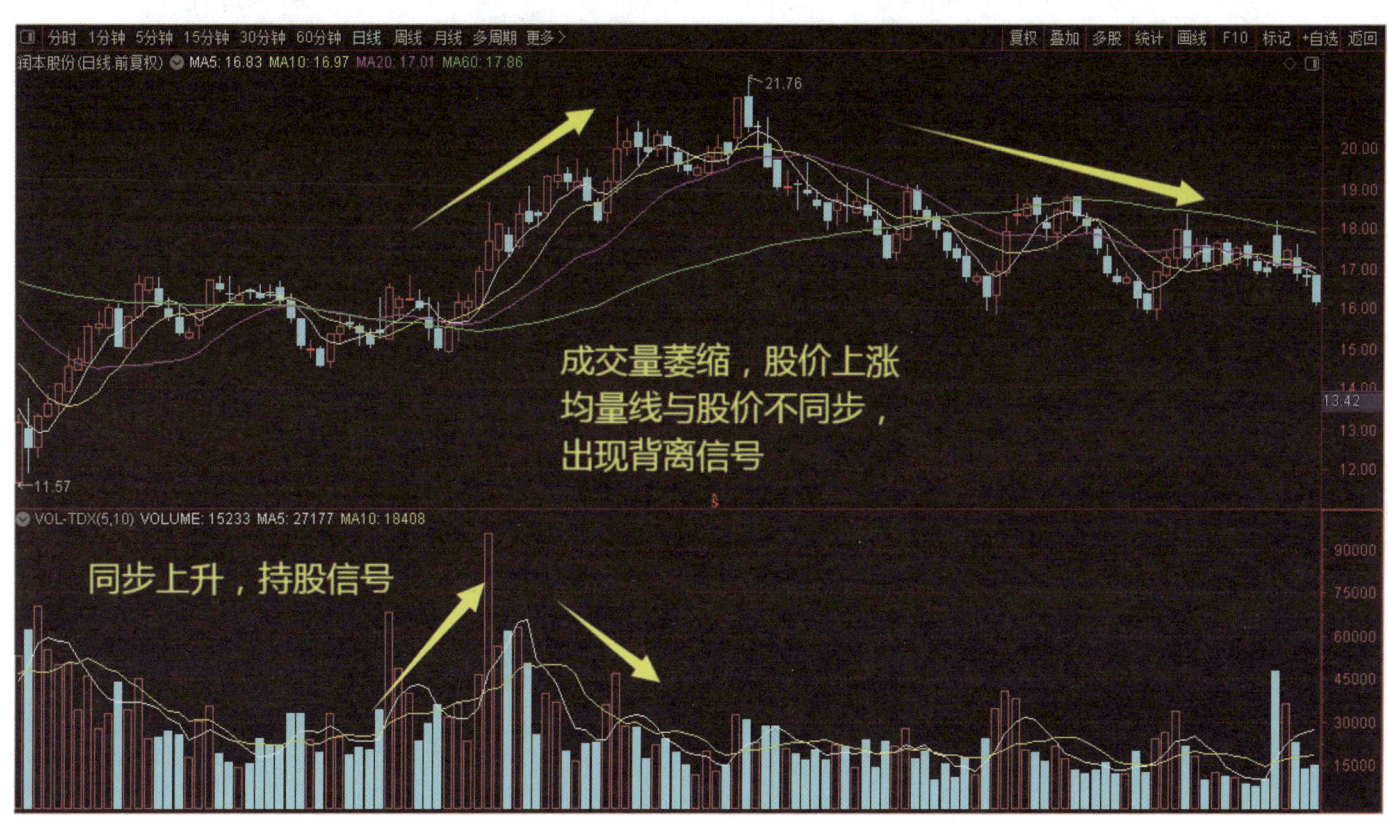

还有另外一种背离信号，则是反向而行的。当股价不断创出新低，而均量线却率先走平，甚至还有上升的迹象，说明市场内有较强的承接力量，那么股价距离底部就不远了。此时也需要重点关注，待股价止跌企稳时，伺机买进。

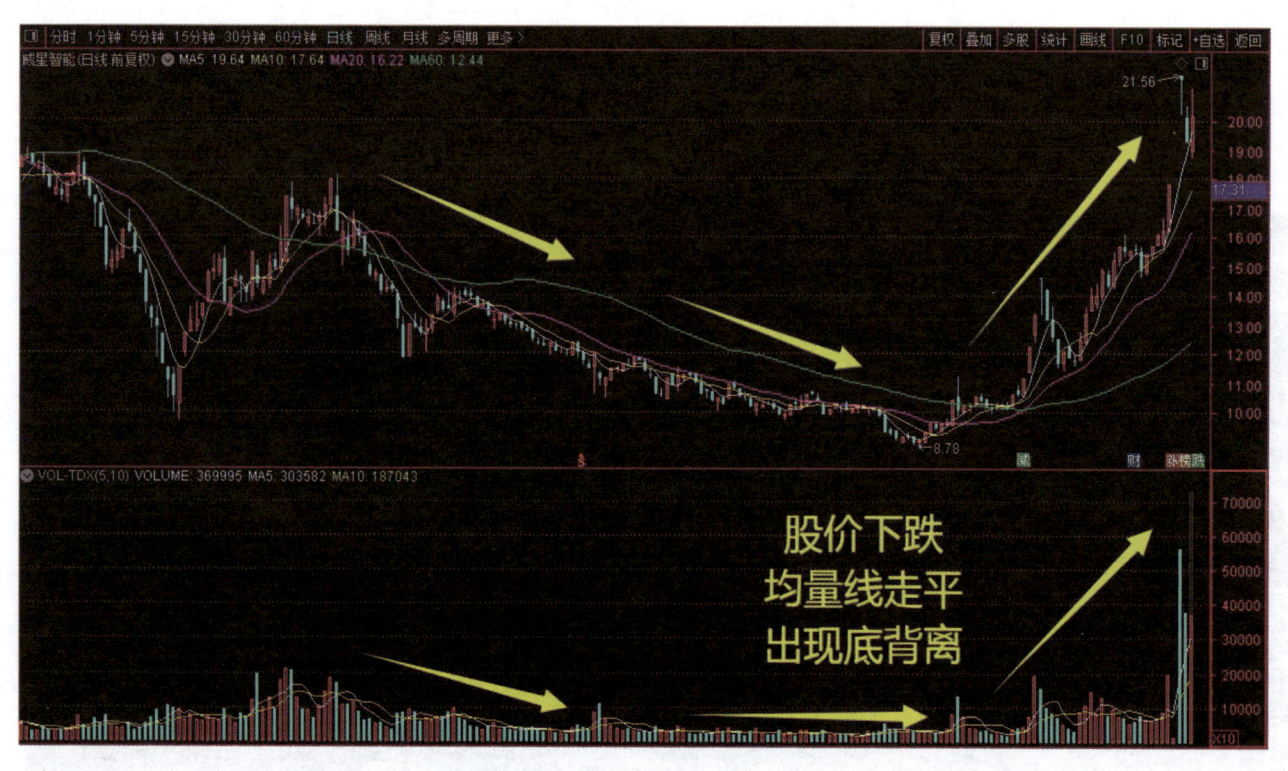

如图所示，该股前期股价下跌，均量线下降，成交量柱都萎缩在均量线之下运行。随后股价继续下跌，而均量线走平，后期隐隐有上升迹象，此时需重点关注，等待机会。

背离信号可以说是研究均量线的核心，因为只有背离才会产生变化，这也是最需要关注的时候。以上两个例子，对应的是逃顶和抄底之前的位置，这也是大多数股民在操作中最需要掌握的技巧。

④卖出信号。

有的股票在股价上升一段时间后并不会产生背离，或者背离的时间很短，又或者其运行的波动幅度较大，成交量已经有明显的波动变化了，这时再去看背离信号，显然已经不合适了。此时可以参考均量线死叉的高度来判断卖出信号。

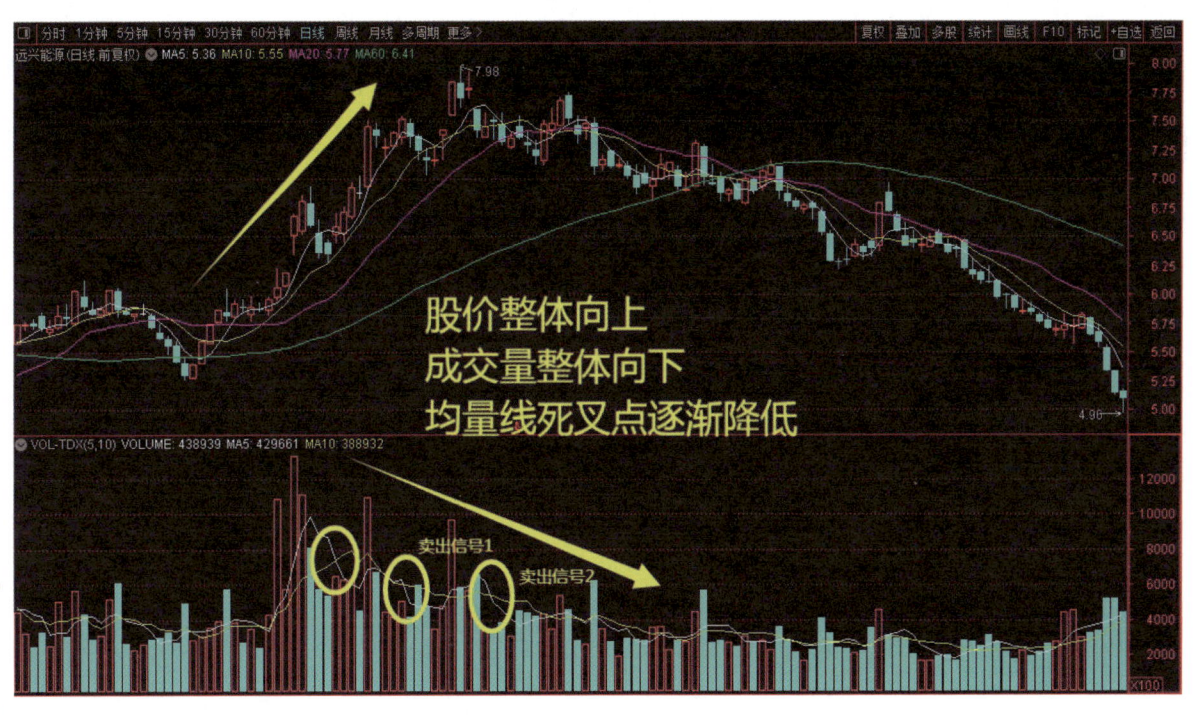

如图所示，该股呈现波段上行的走势，在每一个波段中，都是量增价升、量减价跌，并没有发生背离。但每个波段达到顶峰时，其均量线的死叉高度却越来越低，这与前面的背离信号不同，前面是量价背离，而此处是均量线死叉背离，也可以称为均量线顶背离。图中产生了两个顶背离信号，在这两个位置均可以卖出。当然，这要看投资者的风险偏好了，求稳的投资者可以在卖出信号1处清仓，能够承受风险的投资者，可以选在卖出信号2处清仓。卖出信号2是最后的卖点，即便后期股价可能还会上涨，产生卖出信号3甚至卖出信号4，也不建议去等了，因为大多数情况下，"事不过三"这句话还是非常有效的。

卖出信号并没有对应任何量价关系中的规律，它是在背离信号的基础上进行的扩展。

量价分析里，对于卖点的判断是比较弱的，也可以说这是量价分析的缺陷所在。

因为股价上升必须有成交量配合，但在股价下跌时却不是必须的，放量和缩量都有可能，甚至无量阴跌也是有的。

量价分析最核心的就是上面说的背离，股价运行趋势与成交量运行趋势不同步才会产生变化。

不难发现，对于量价分析和判断，其实并没有一个特别精确的买卖点，都是在一个区域内产生的。但大多数股票的走势稍纵即逝，尤其是股价下跌时，速度往往非常快，量价关系分析在这方面的劣势非常明显，所以还要结合其他技术指标进行综合研判，这样得到的结论才更加准确。

• 案例分析

思美传媒（002712）2023年2月至2023年10月K线走势图

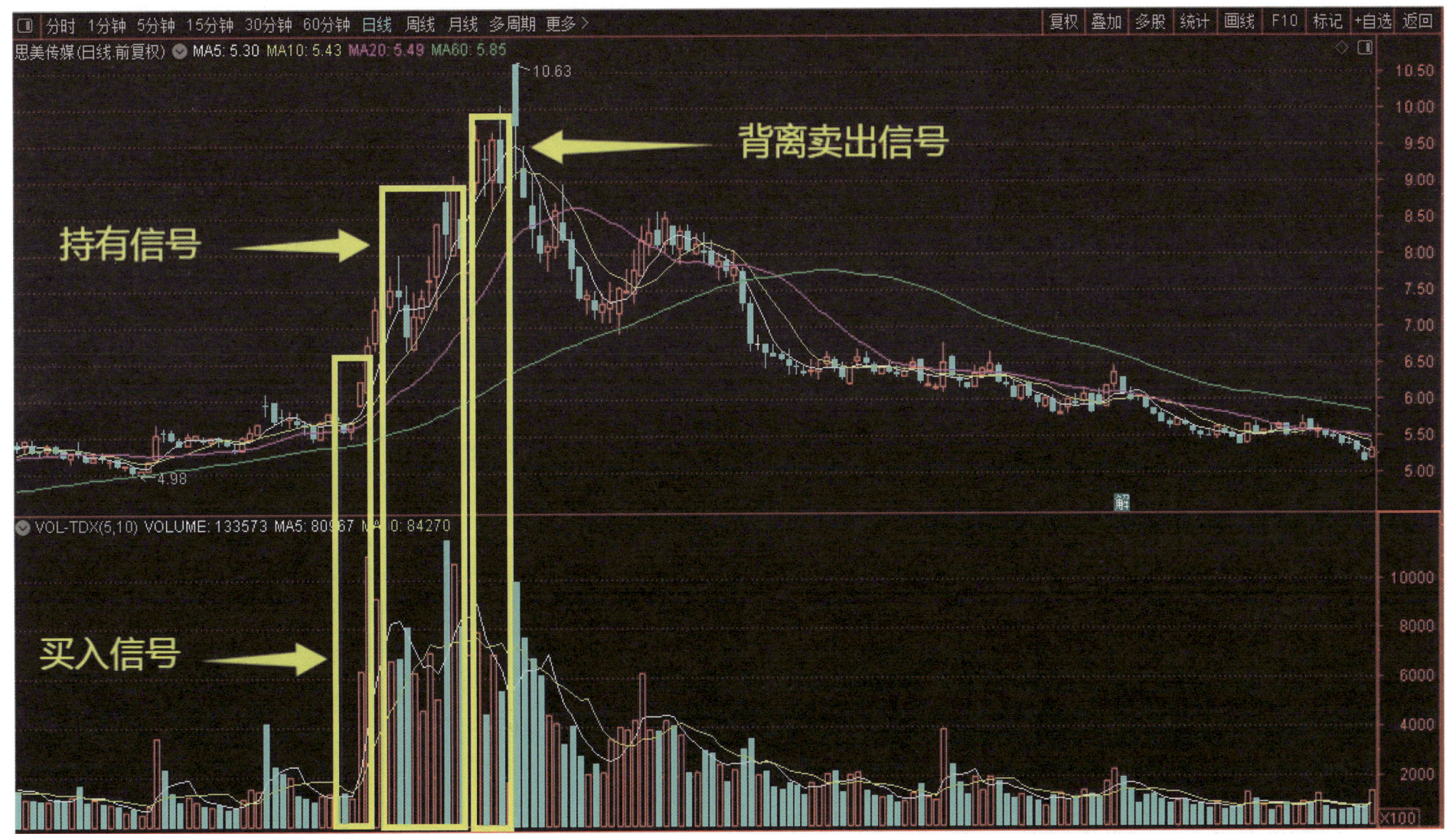

3.平滑异同移动平均线（MACD）

MACD即平滑异同移动平均线，是一种利用短期（常用为12日）移动平均线与长期（常用为26日）移动平均线之间的聚合与分离状况，对买进、卖出时机作出研判的技术指标。

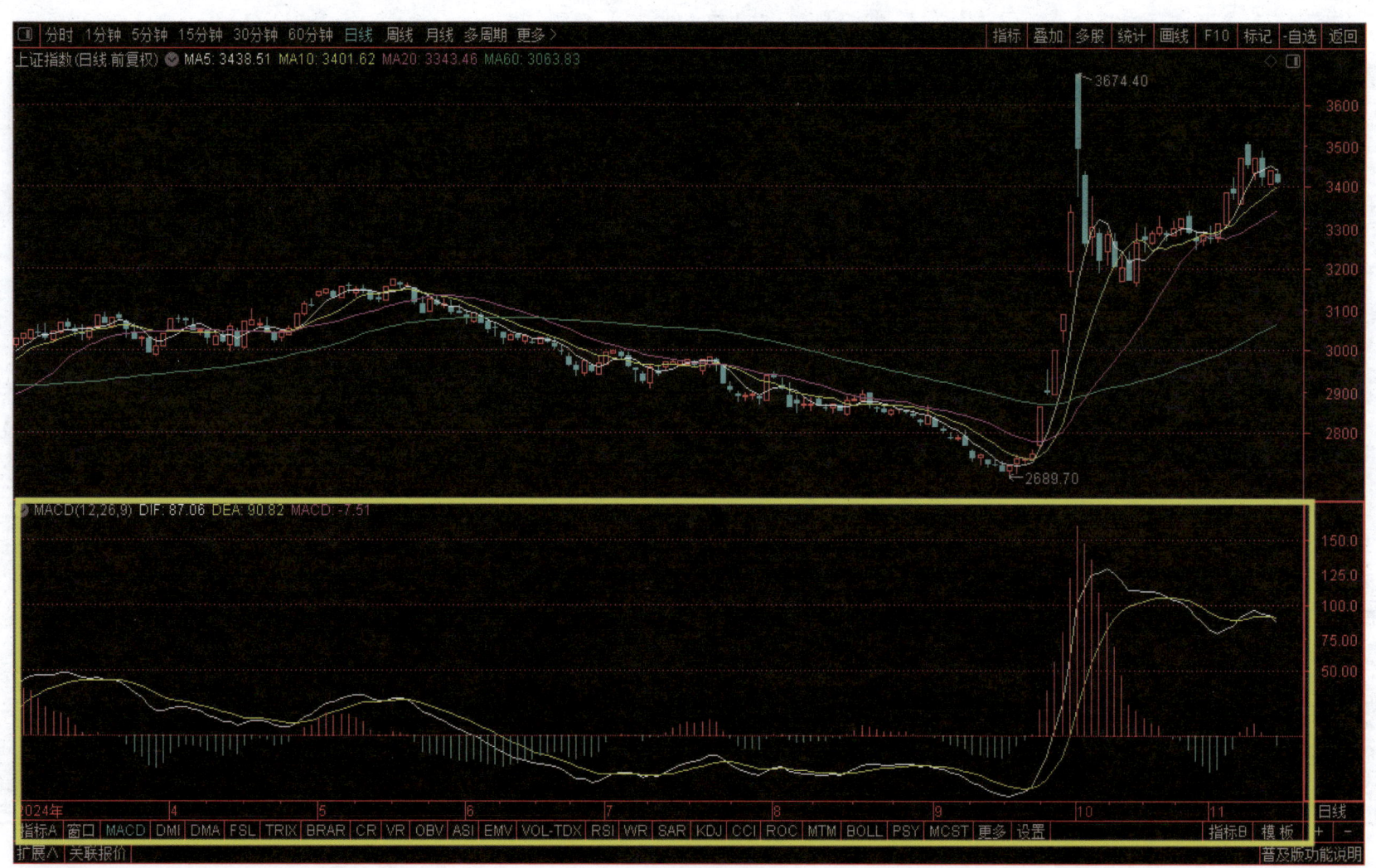

（1）MACD指标设计原理

MACD指标是基于均线的构造原理，对收盘价进行平滑处理后（求出算术平均值）的一种趋向类指标。

指标主要由两部分组成，即正负差（DIF）和异同平均数（DEA），其中，DIF是核心，DEA是辅助。

DIF是快速平滑移动平均线（EMA1）和慢速平滑移动平均线（EMA2）的差，DIF正负差的名称由此而来。DEA是DIF的移动平均，也就是连续数日DIF的算术平均。

这样DEA自己又有了个参数，就是作算术平均的DIF的个数，即天数。对DIF作移动平均，就像对收盘价作移动平均一样，是为了消除偶然因素的影响，使结论更可靠。

在现有的技术分析软件中，MACD常用的快速平滑移动平均线参数为12，慢速平滑移动平均线参数为26。

此外，MACD还有一个辅助指标——柱状线（BAR）。在大多数技术分析软件中，柱状线是有颜色的，在0轴以下是绿色，在0轴以上是红色，前者代表上涨趋势较弱，后者代表上涨趋势较强。

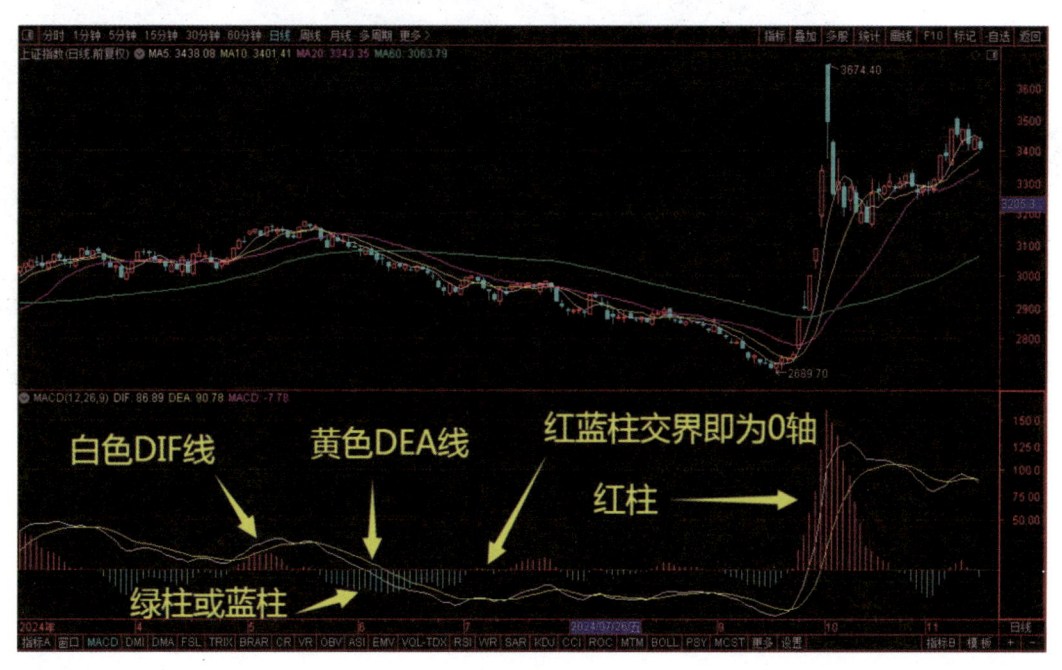

（2）MACD指标应用法则

①当DIF和DEA处于0轴以上时，属于多头市场。DIF线自下而上穿越DEA线形成金叉，此时是买入信号。0轴以上的金叉为强势金叉，0轴以下的金叉为弱势金叉。

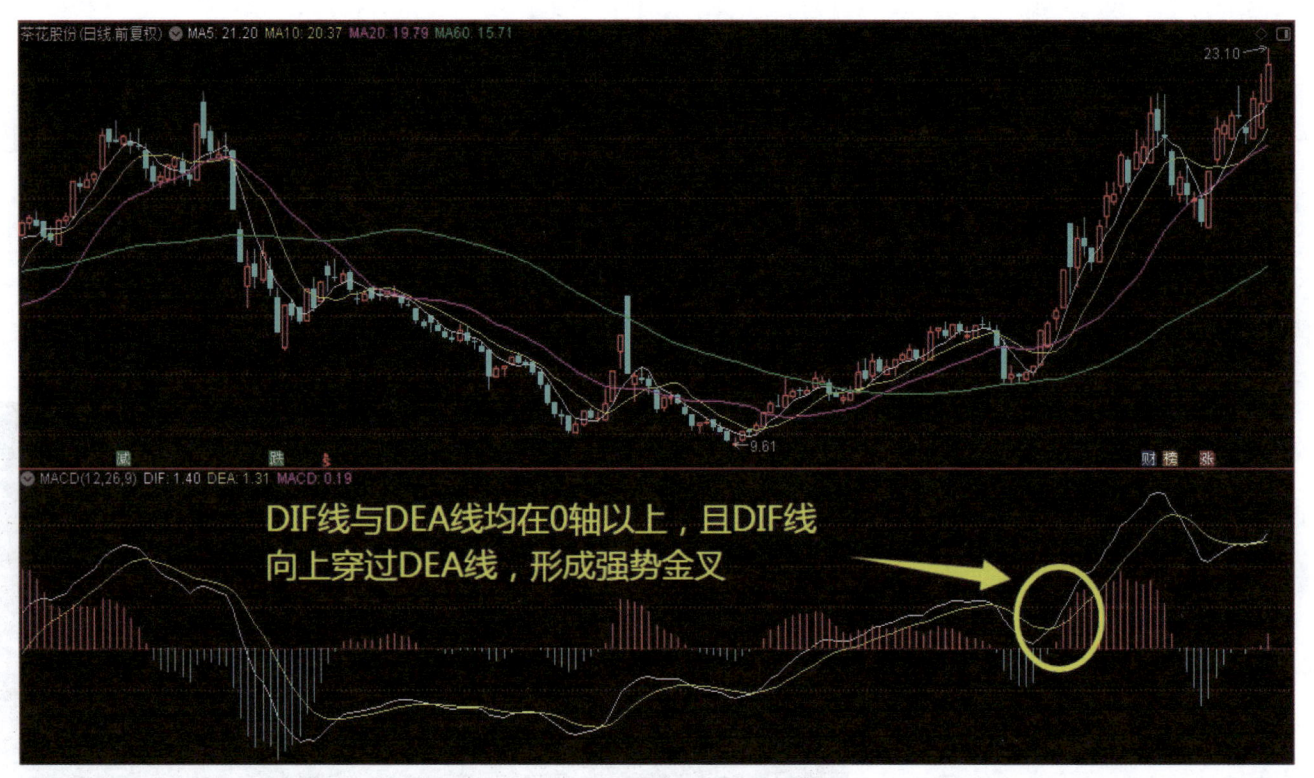

DIF线自下而上穿越DEA线时，如果两线还在0轴以下运行，只能视为一次短暂的反弹，而不能确定趋势转折，此时是否买入，还需要借助其他指标来综合判断。

②当DIF和DEA处于0轴以下时，属于空头市场。DIF线自上而下穿越DEA线形成死叉，此时是卖出信号。

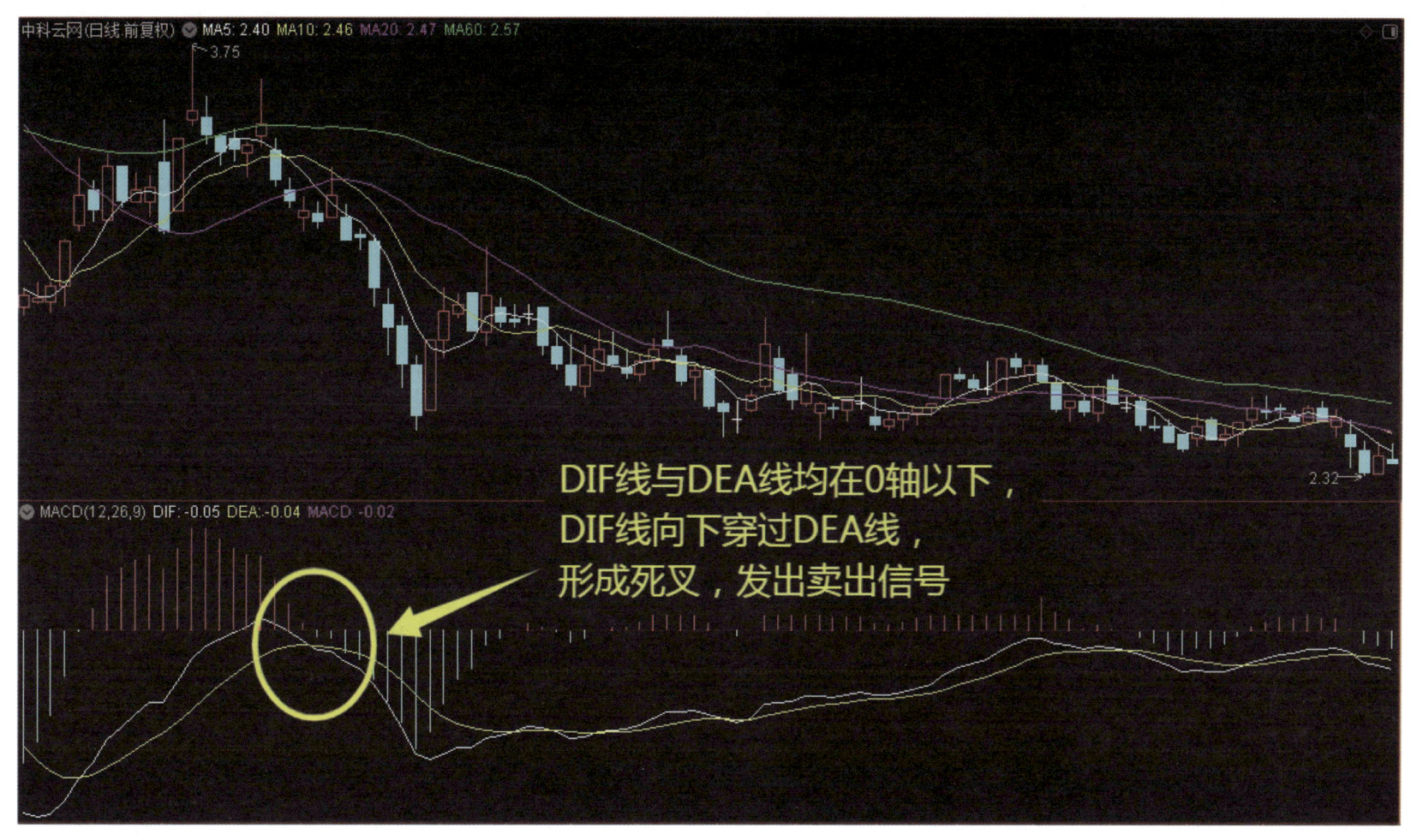

DIF线与DEA线均在0轴以下，DIF线向下穿过DEA线，形成死叉，发出卖出信号

DIF线自上而下穿越DEA线时，如果两线还在0轴以上运行，只能视为一次短暂的回落，而不能确定趋势转折，此时是否卖出，还需要借助其他指标来综合判断。

③柱状线收缩和放大。

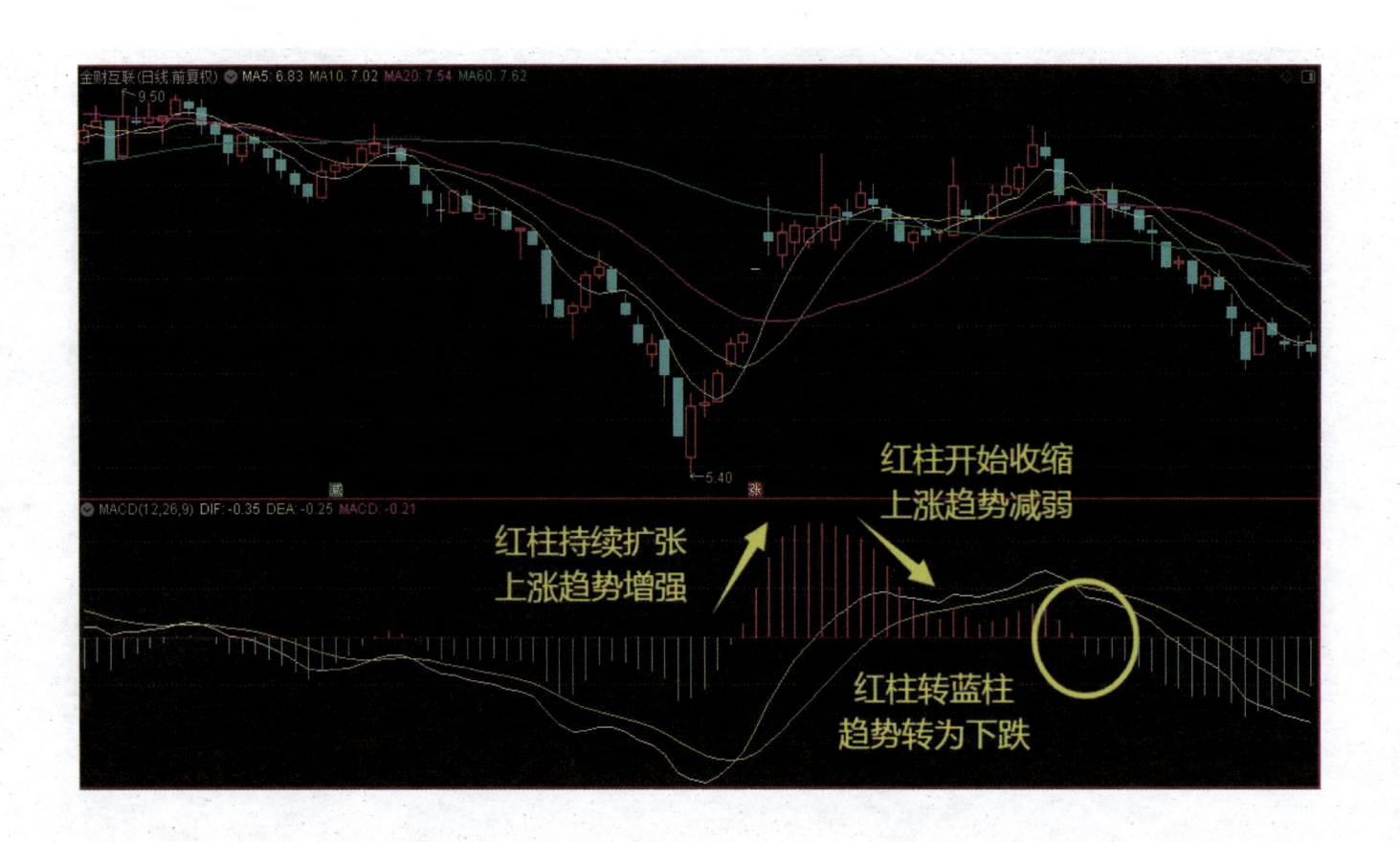

一般来说，柱状线持续收缩，表明趋势运行的强度正在逐渐减弱。当柱状线颜色发生改变时，趋势确定转折。但在一些时间周期不长的MACD指标中，这一观点并不完全成立。

④MACD指标也强调形态分析。

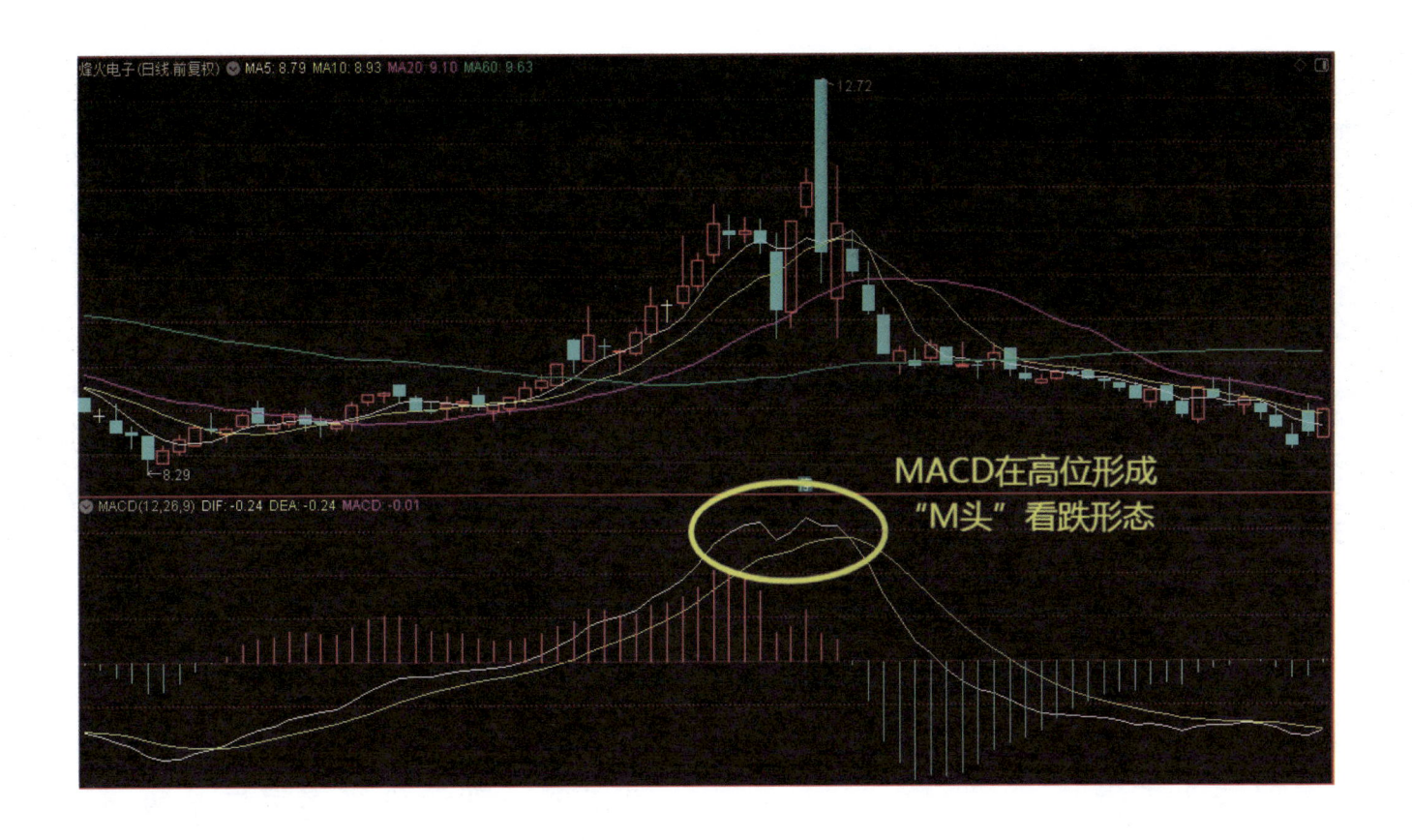

当MACD指标曲线形成高位看跌形态，如头肩顶、M头等，应当保持警惕；当MACD指标曲线形成低位看涨形态时，应考虑买入。

⑤背离情况分析。

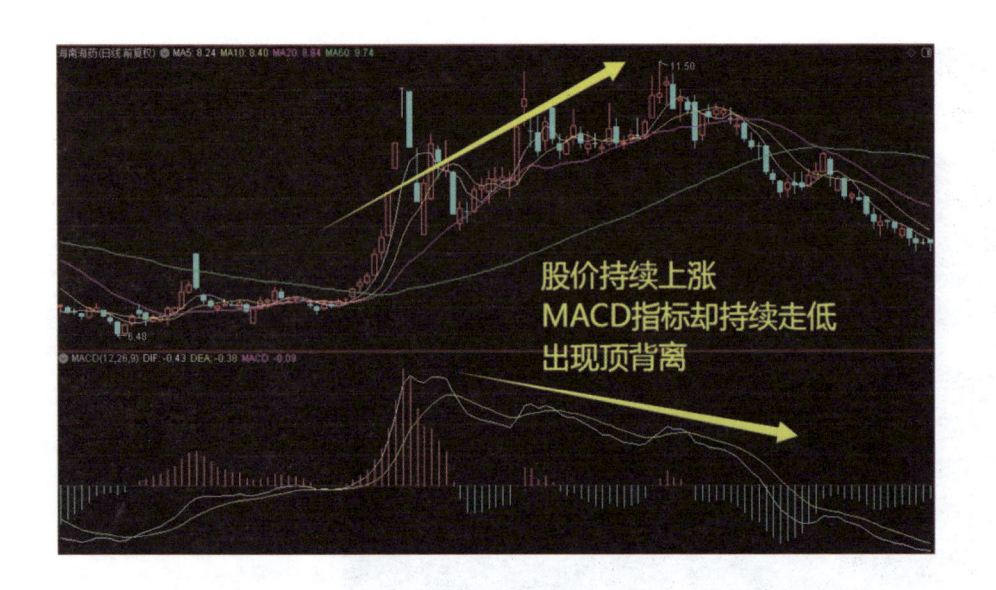

当价格持续升高，而MACD指标出现一波比一波低的走势时，意味着顶背离出现，预示价格可能在不久之后出现转头下行。

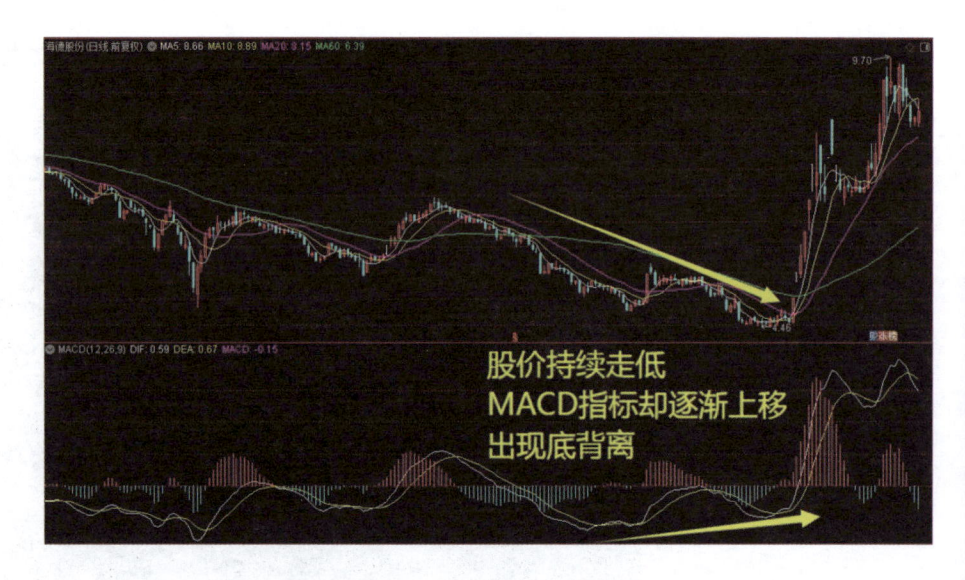

与此相反的是，当价格持续走低，而MACD指标却出现一波高于一波的走势时，意味着底背离出现，预示价格将很快结束下跌，转头向上。

❻**牛皮市道中，指标将失真。**

当价格并不是自上而下或者自下而上运行，而是保持水平方向移动时，称为牛皮市道。

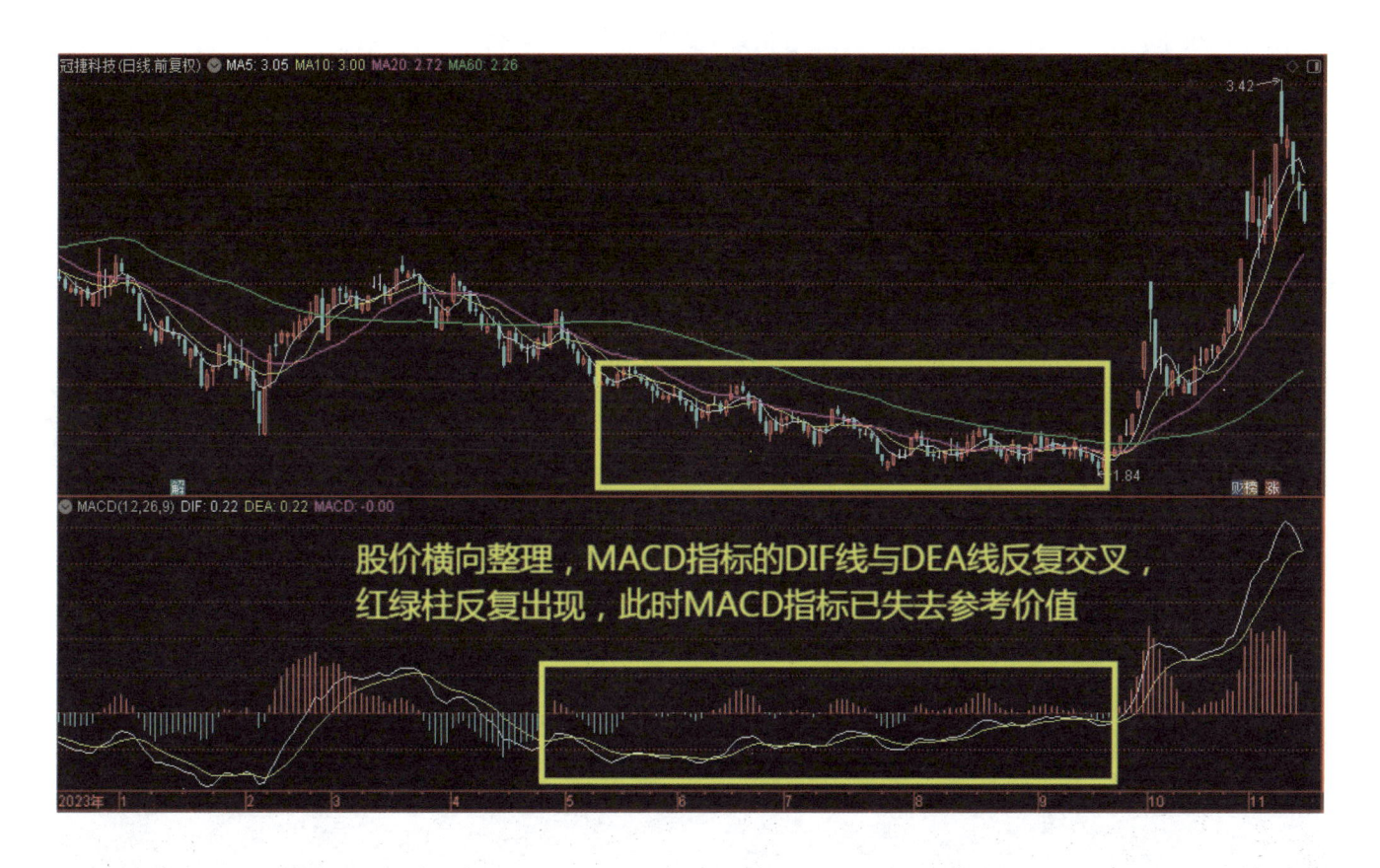

股价横向整理，MACD指标的DIF线与DEA线反复交叉，红绿柱反复出现，此时MACD指标已失去参考价值

牛皮市道中，MACD指标将产生虚假信号，指标DIF线与DEA线的交叉会十分频繁，同时柱状线的收放也会频频出现，颜色也常常由绿转红或由红转绿。此时MACD指标处于失真状态，使用价值相应降低。

最后介绍一下MACD指标的缺点。与MA一样，在股市没有明显趋势而进入盘整时，MACD指标失误的时候极多。

另外，MACD指标对股价未来上升和下降的深度不能提供有效的建议。投资者在实际操作时，应不断总结经验，提高预测的准确性。

• 案例分析

卫星化学（002648）2023年12月至2024年9月K线走势图

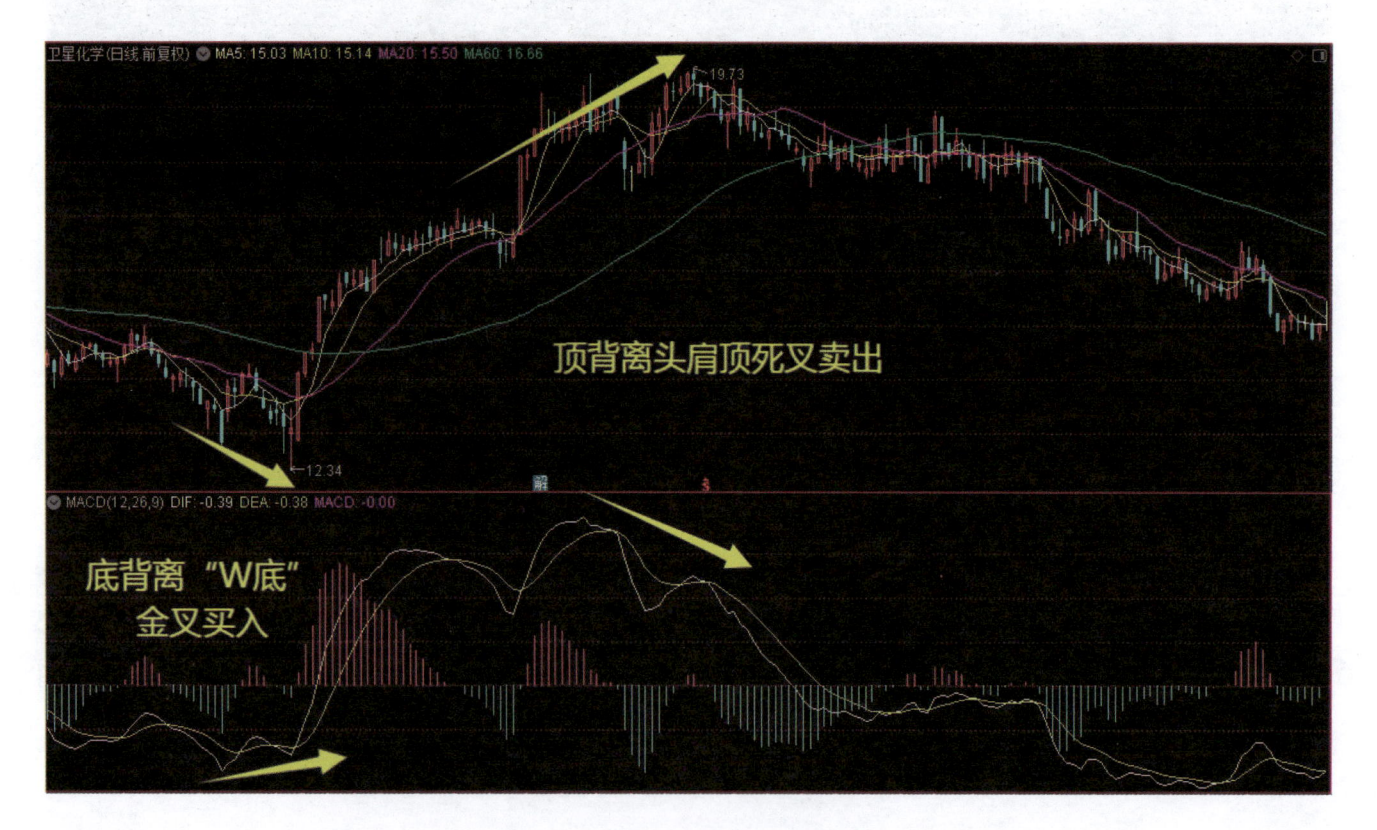

4.顺势指标（CCI）

顺势指标（CCI）用于指导极端行情中快进快出的短线操作，特别是那些短期内暴涨暴跌的非常态行情。

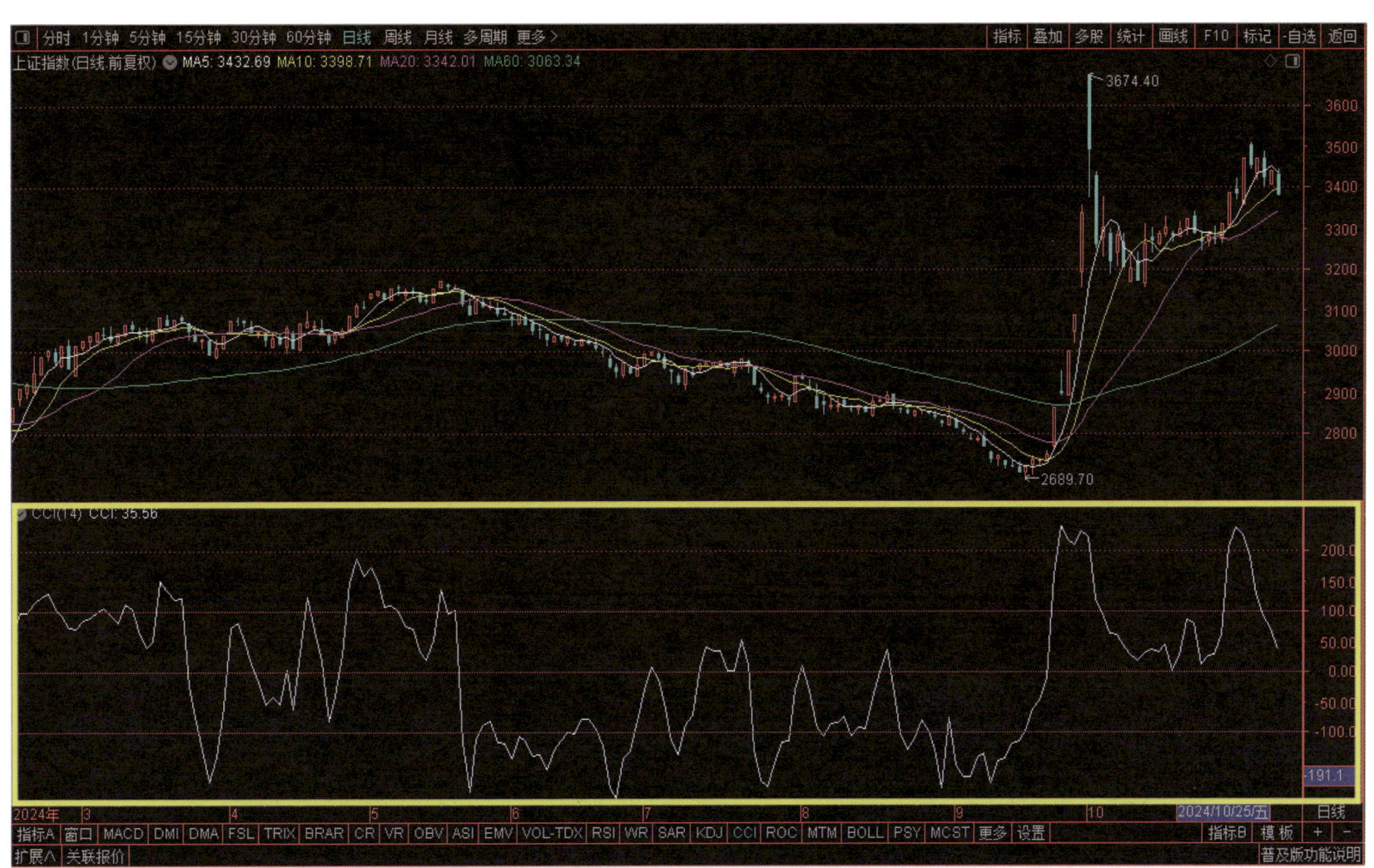

（1）CCI指标设计原理

在常用的技术分析指标中，顺势指标（CCI）是最为奇特的一种。

CCI指标没有运行区域的限制，在正无穷和负无穷之间变化。但是和所有其他没有运行区域限制的指标相比，它有一个相对的技术参照区域：+100和-100。

按照指标分析的常用思路，CCI指标的运行区间也分为三类：+100以上为超买区，-100以下为超卖区，+100~-100之间为震荡区。

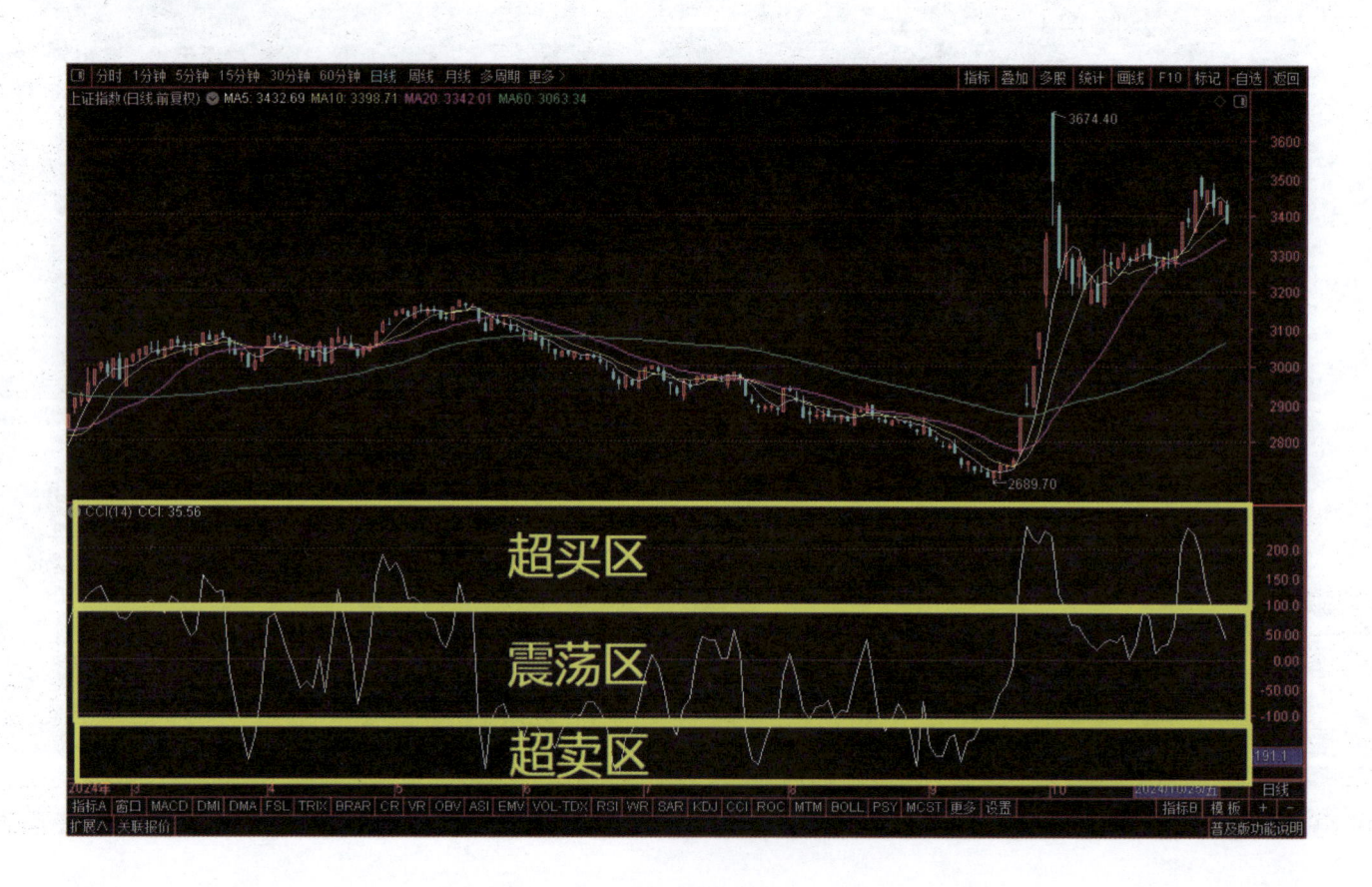

但是，该指标在这 3 个区域中运行所包含的技术含义，与其他技术指标超买与超卖的定义是不同的。

首先，在+100~-100之间的震荡区，该指标基本上没有意义，不能对大盘及个股的操作提供多少明确的建议，因此它在正常情况下是无效的。

这也反映了CCI指标的特点，它就是专门针对极端情况设计的。

也就是说，在一般常态行情下，CCI指标不会发生作用。当CCI扫描到股价异常波动时，力求速战速决，胜负立见分晓，投资失败也必须立刻了结。

（2）CCI指标的应用法则

①当CCI指标从下向上突破+100线进入非常态区间时，表明股价脱离常态进入异常波动阶段，短线应及时买入。如果有较大的成交量相配合，则买入信号更为可靠。

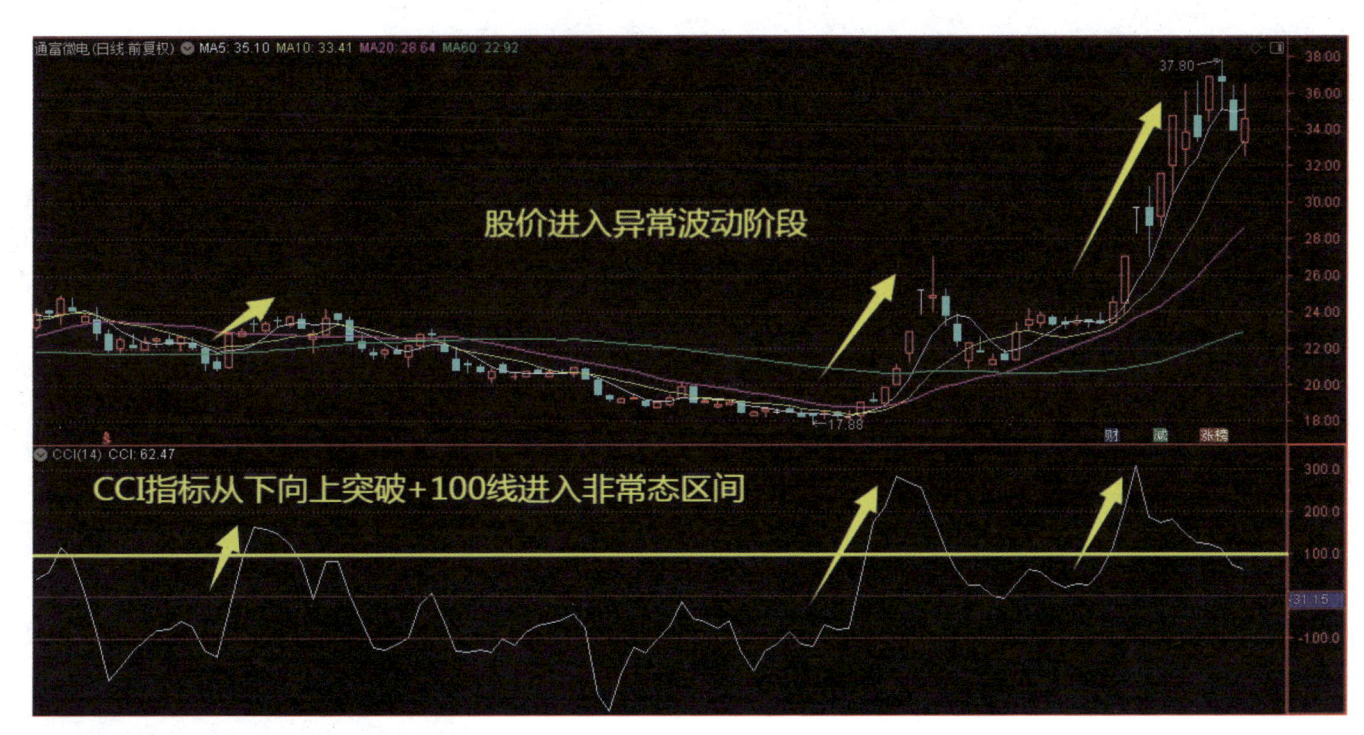

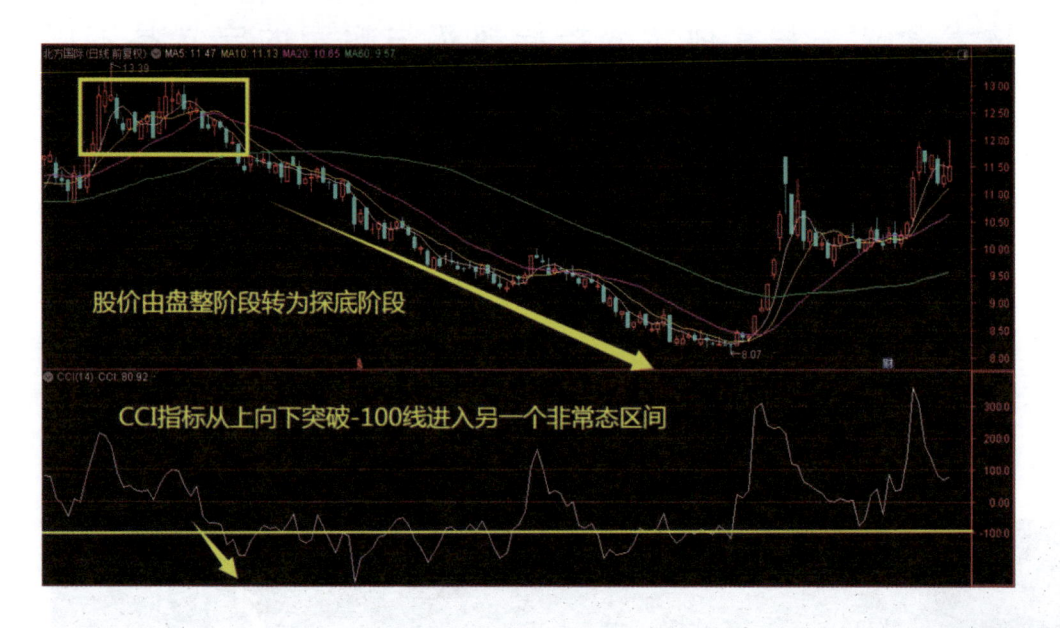

②当CCI指标从上向下突破-100线进入另一个非常态区间时，表明股价的盘整阶段已经结束，将进入一个比较长的寻底过程，投资者应以持币观望为主。

③当CCI指标从上向下突破+100线，重新进入常态区间时，表明股价的上涨阶段可能结束，将进入一个比较长的盘整阶段，投资者应及时逢高卖出股票。

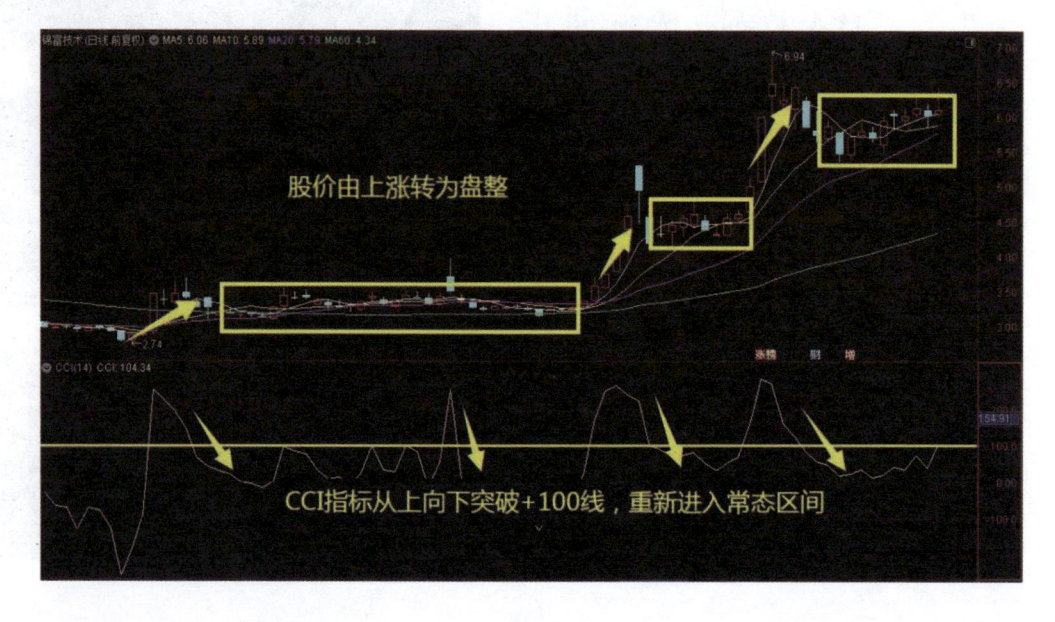

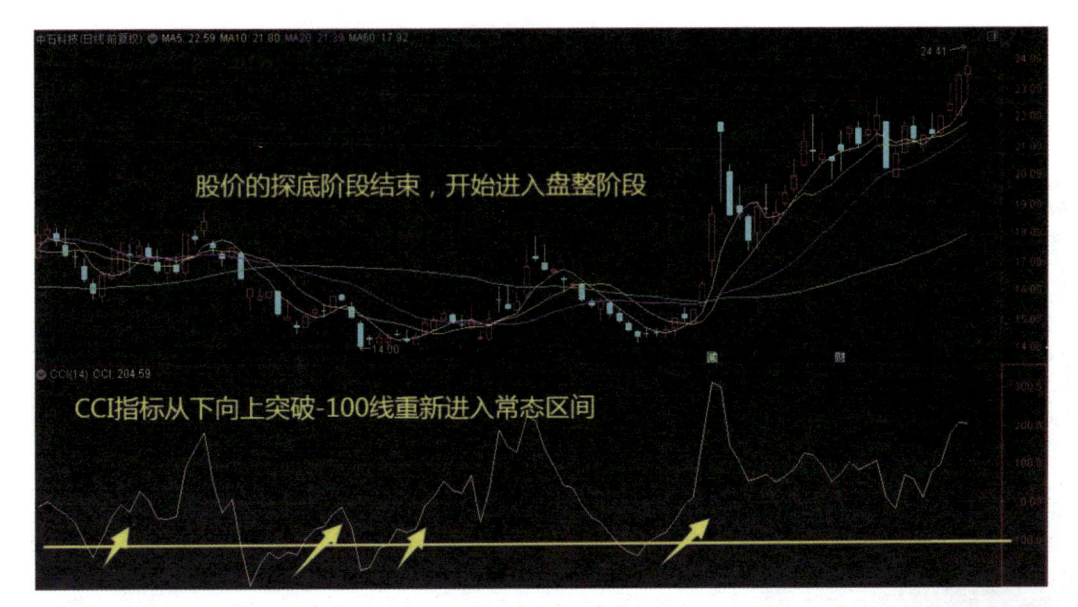

④当CCI指标从下向上突破-100线，重新进入常态区间时，表明股价的探底阶段可能结束，将进入一个盘整阶段，投资者可以逢低少量买入股票。

⑤当CCI指标在+100线~-100线的常态区间运行时，投资者可以用RSI等其他超买超卖指标进行行情研判。

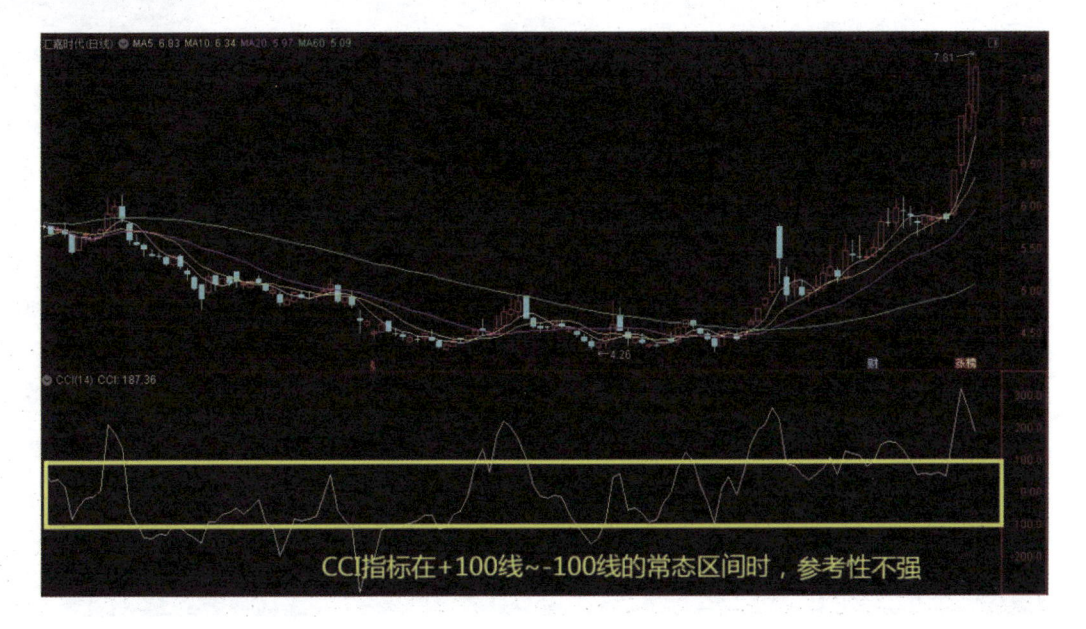

⑥CCI指标的背离情况和形态结构。例如，CCI指标在+100以上或-100以下产生的背离及反转形态结构，发出的买卖信号才具有参考性。

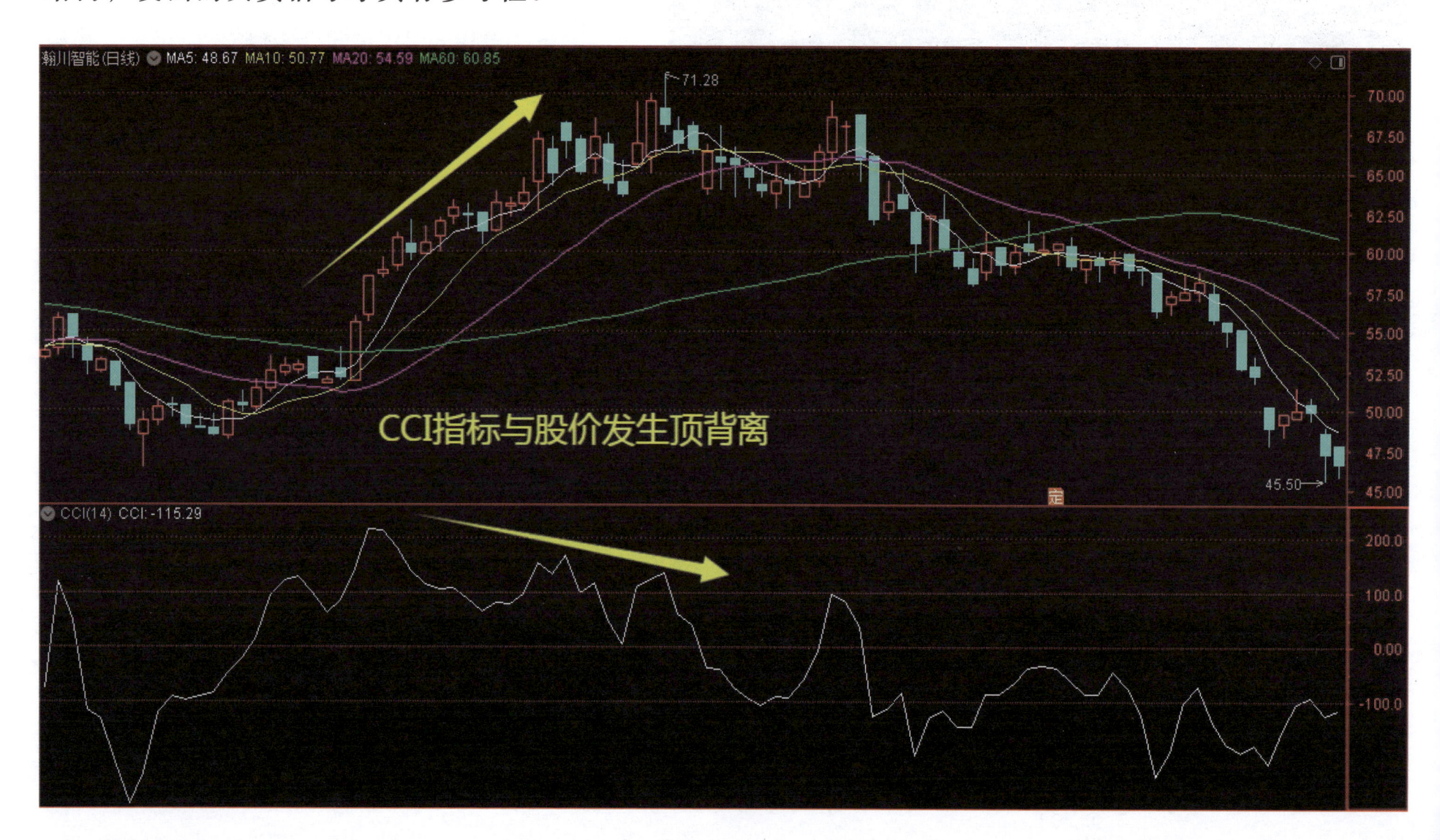

CCI指标与股价发生顶背离

• 案例分析

天地在线（002995）2023年5月至2023年8月K线走势图

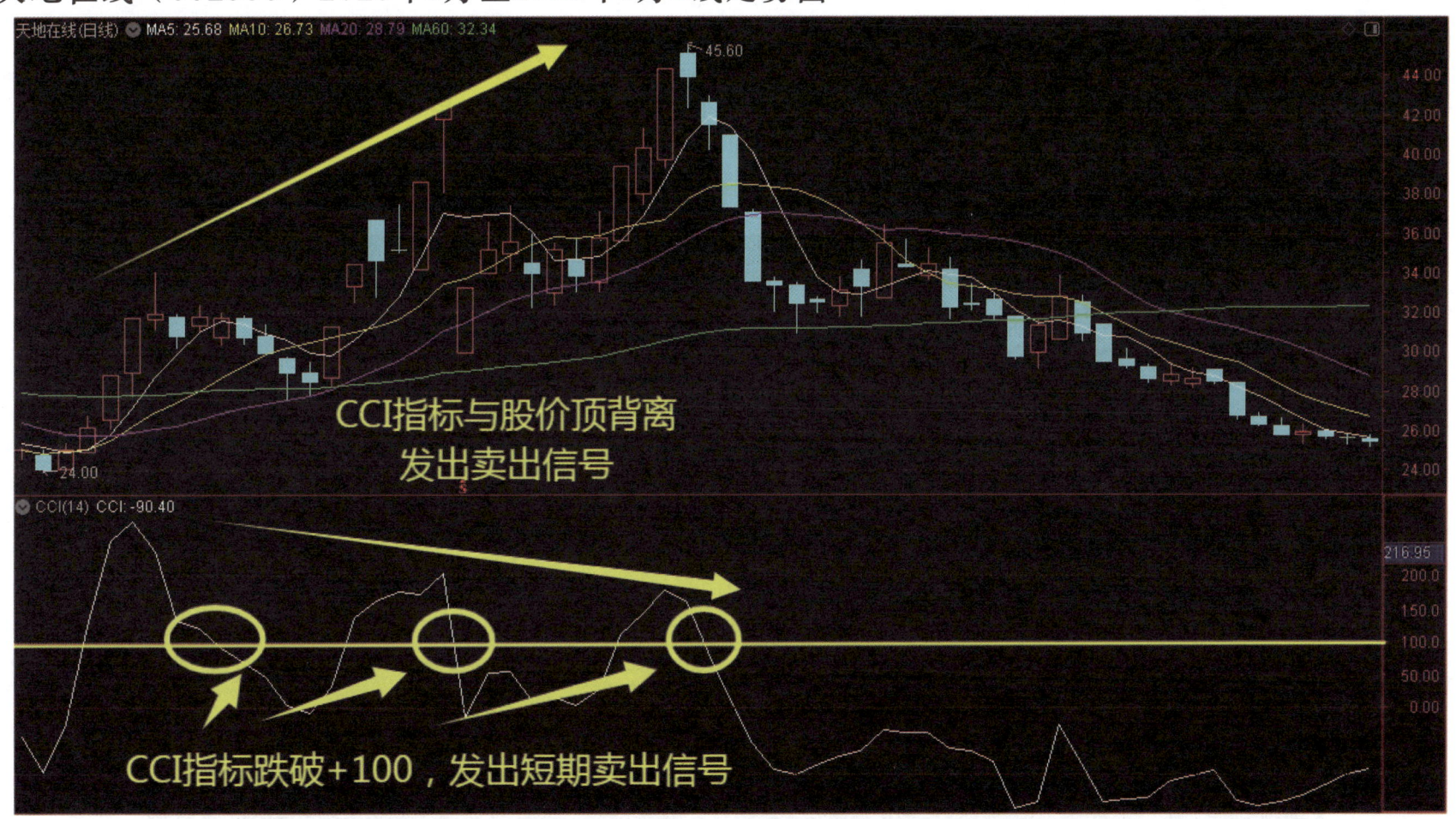

图中可以看出，天地在线股价在上涨的时候，CCI指标向下跌破了+100，发出短期卖出信号。而且CCI指标的头部一次比一次低，出现了高位顶背离，发出了更为确定的长期卖出信号。

5.相对强弱指标（RSI）

相对强弱指标（RSI）是与KDJ指标齐名的常用技术指标。

RSI指标通过计算股价涨跌的幅度来推测市场运行趋势的强弱度，并据此预测趋势的持续或转向。

实际上它显示的是股价向上波动的幅度占总波动幅度的百分比，如果其数值大，就表示市场处于强势状态，如果数值小，则表示市场处于弱势状态。

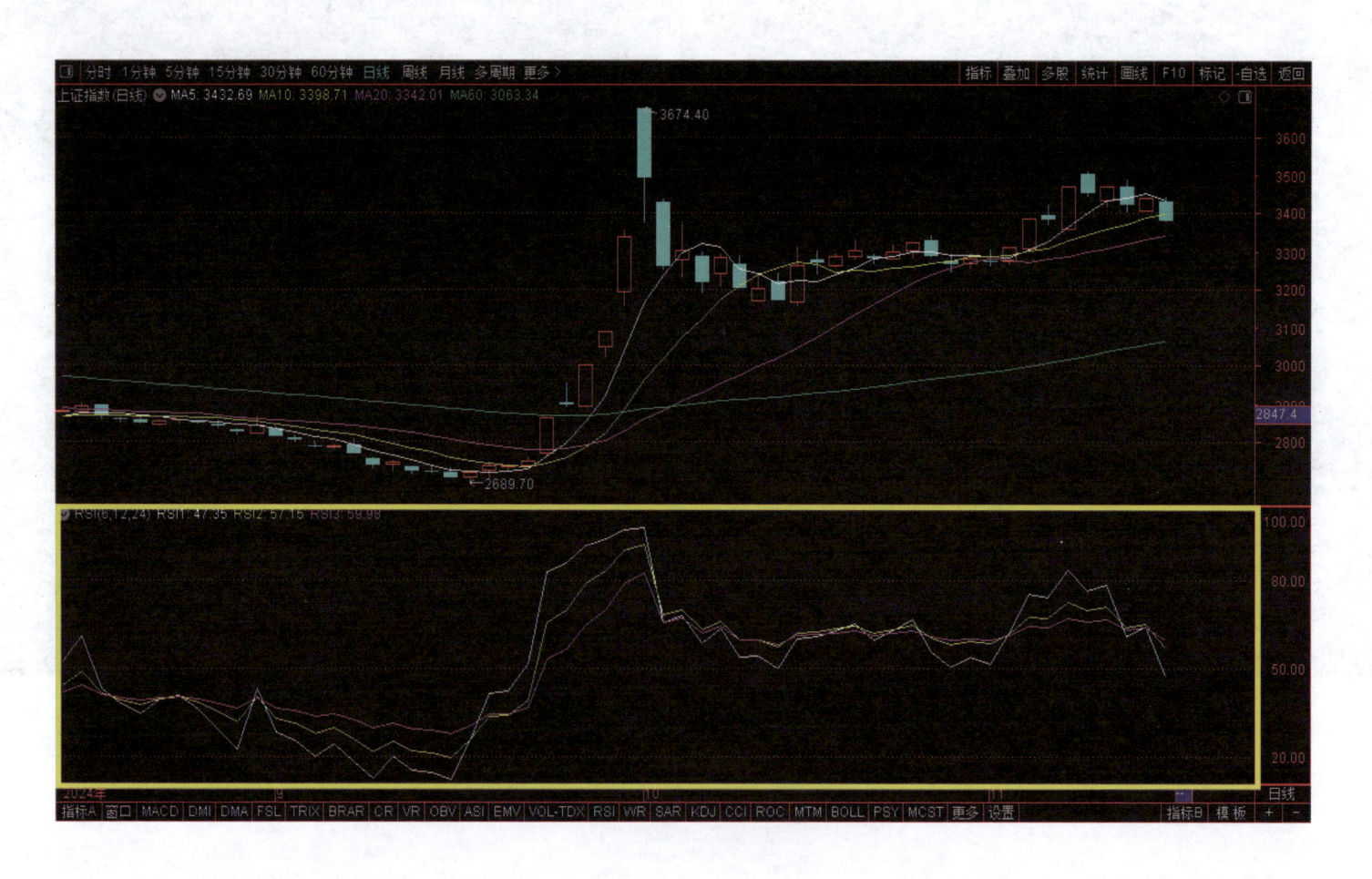

（1）RSI指标设计原理

RSI指标的设计原理，简单来说是以数字计算的方法求出买卖双方的力量对比。

例如，有100个人面对一件商品，如果有50个人以上要买，互相抬价，商品价格必涨；相反，如果有50个人以上争着卖出，价格自然下跌。

强弱指标理论认为，任何市价的大涨或大跌，均在0~100之间变动。

根据常态分布，认为RSI值多在20~80之间变动。通常，当RSI值高于80以上时，认为市场已到达超买状态，市场价格将会下跌调整；当RSI值低至20以下时，则认为是超卖状态，市场价格将会出现反弹上涨。

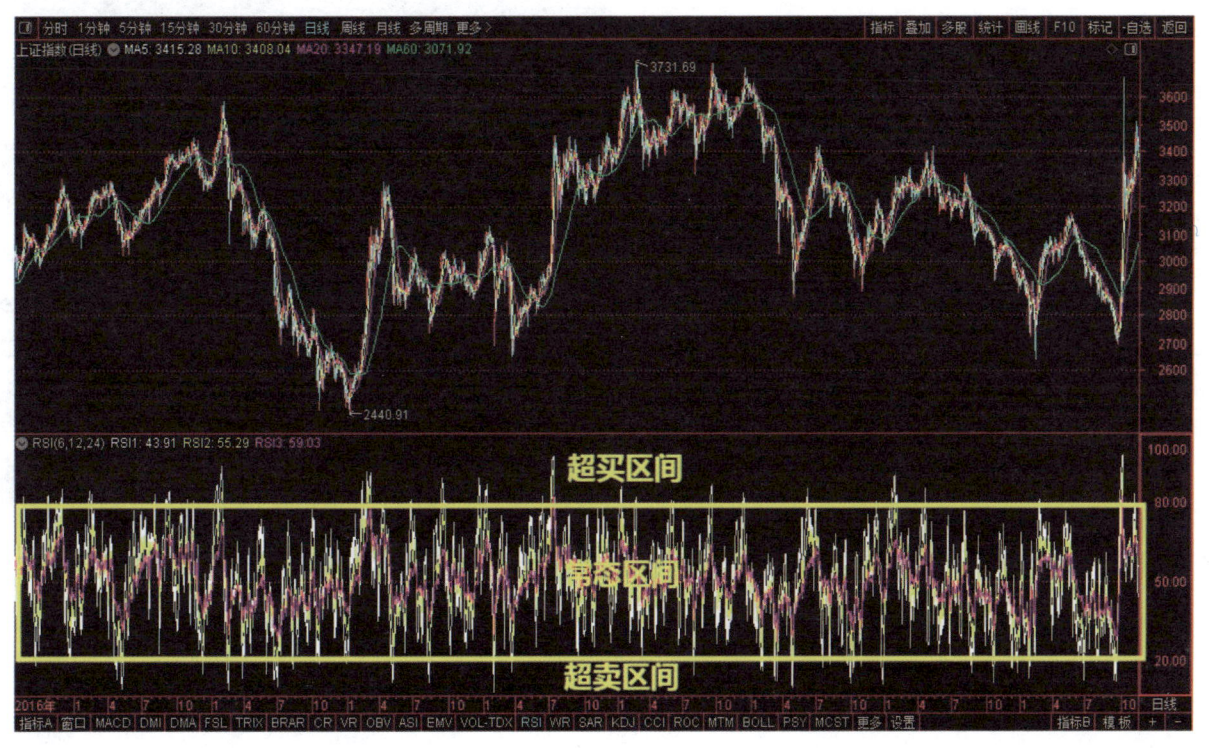

RSI的计算一般以14天为周期，将上升幅度作为买方力量的总和，将下跌幅度作为卖方力量的总和，而判断股价的未来动向，则是参考两种力量对比的结果。指标何时呈现超买、超卖状态一目了然，从而帮助投资者较好地掌握买入时机。

不过，任何分析工具都有优点和缺点，应用RSI指标也不能掉进公式化、机械化的泥潭中。

任何事物都有特殊情况，RSI值超过95或低于15也并不出奇，不能低于20就买进，高于80就抛售，应当结合其他指标具体分析。

（2）RSI指标应用法则

①不同参数的两条或多条RSI曲线联合使用。

与MA一样，天数越多的RSI，考虑的时间范围越大，结论越可靠，但反应速度越慢，这是无法避免的。

参数小的RSI称为短期RSI，参数大的RSI称为长期RSI。

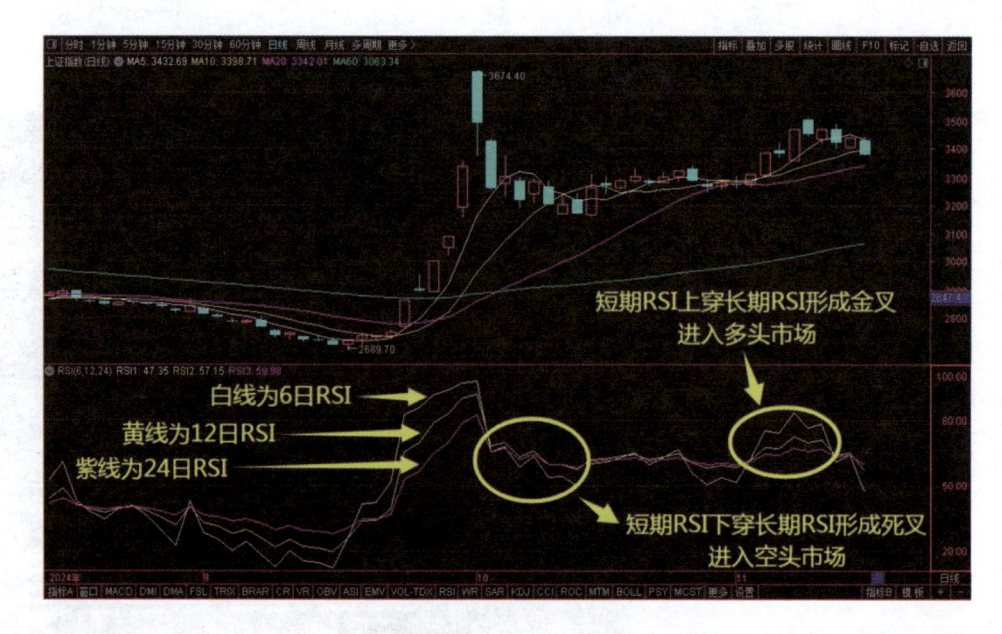

两条不同参数的RSI曲线联合使用，可以完全照搬MA中两条MA线的使用法则。短期RSI大于长期RSI，属于多头市场；短期RSI小于长期RSI，则属于空头市场。当然，这两条法则只是参考，不能完全照此操作。

②根据RSI取值大小判断行情。

将100分成4个区域，根据RSI取值落入的区域进行操作。

极强与强的分界线和极弱与弱的分界线是不明确的，也就是这两个区域之间不能画一条截然分明的分界线，这条分界线实际上是一个区域。

我们在其他技术分析书籍中看到的30%、70%或者15%、85%，这些数字实际上是对这条分界线大致的描述。需要说明的是，这条分界线位置的确定与以下两个因素有关。

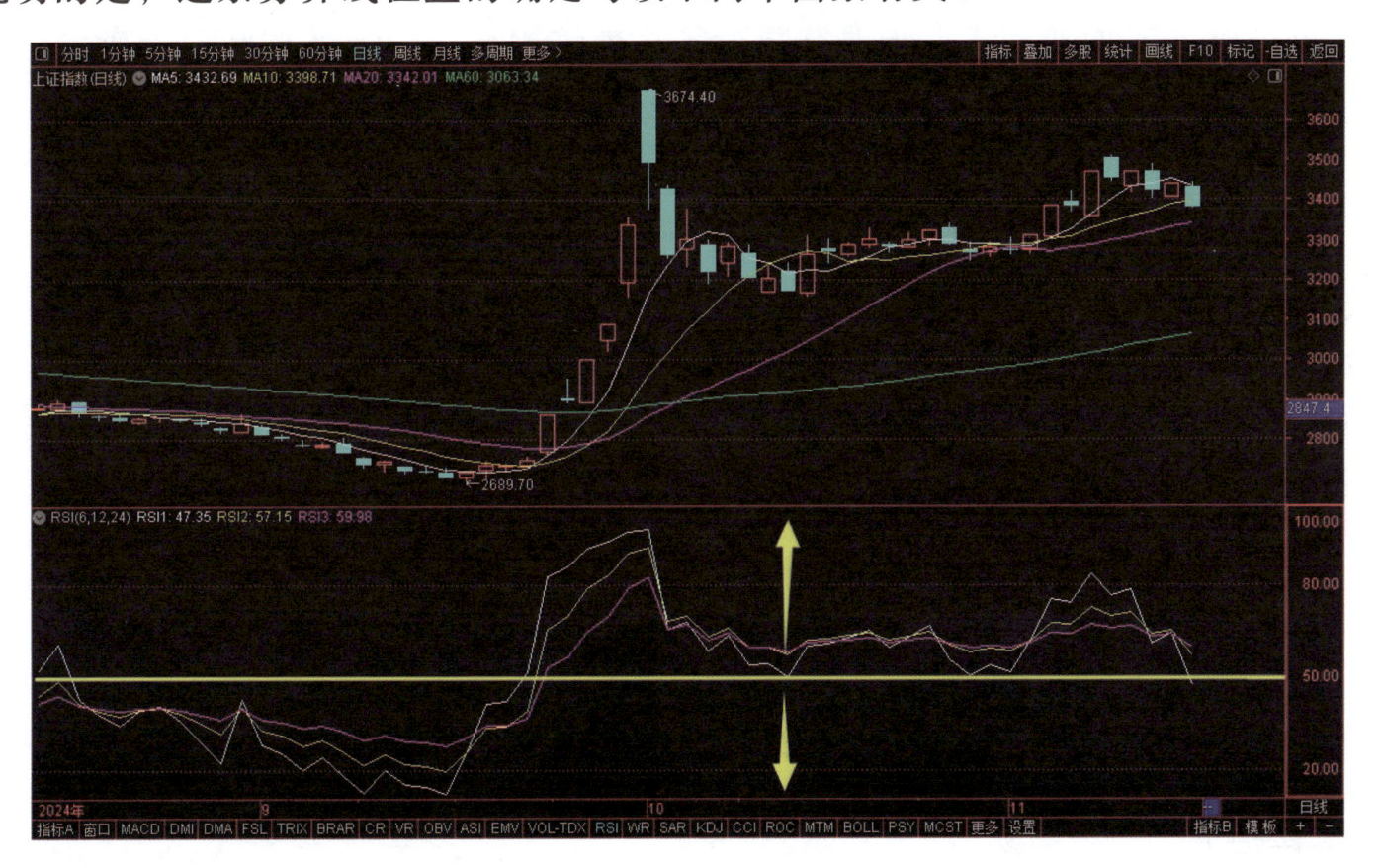

a. 与RSI的日期参数有关。

不同的日期参数，其区域的划分不同。一般而言，日期参数越大，分界线离中心线50%就越近，离100%和0就越远。

b. 与选择的股票本身有关。

不同的股票，由于其活跃程度不同，RSI所能达到的高度也不同。

一般而言，越活跃的股票，分界线的位置离50%应该越远；越不活跃的股票，分界线离50%就越近。

市场是强势市场时，我们要买入，但是强得过了头就该抛出了。物极必反，量变引起质变，是对这个问题很好的说明。

③ 从RSI的曲线形状来判断行情。

与CCI指标一样，当RSI在较高或较低的位置形成头肩形或多重顶底，是采取行动的信号。

需要注意的是，这些形态一定要出现在较高位置或较低位置，离50%越远越好，越远结论越可靠，出错的可能性也越小。

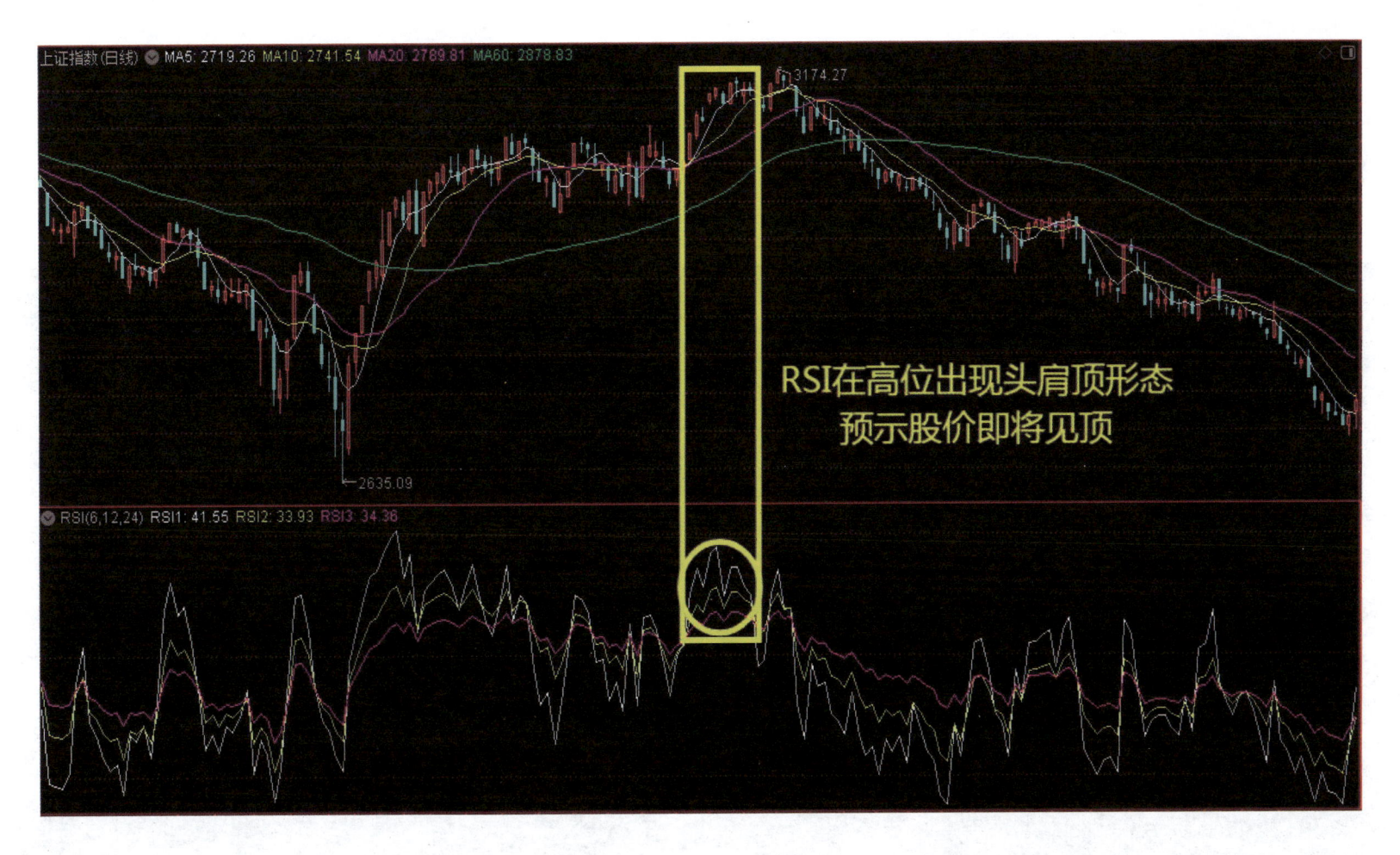

形态学中有关这类形态的操作原则这里都适用，与形态学紧密联系的趋势线在这里也有用武之地。

在RSI一波一波的上升和下降中，也会给我们提供画趋势线的机会。这些起着支撑线和压力线作用的切线一旦被突破，就是投资者采取行动的信号。

④从RSI与股价的背离情况判断行情。

与CCI指标一样，RSI也可以利用背离进行操作。

RSI处于高位，并形成一峰比一峰低的两个峰，而此时对应的股价却是一峰比一峰高，叫做顶背离。股价这一涨是最后的衰竭动作（如果出现跳空就是最后的缺口），是比较强烈的卖出信号。

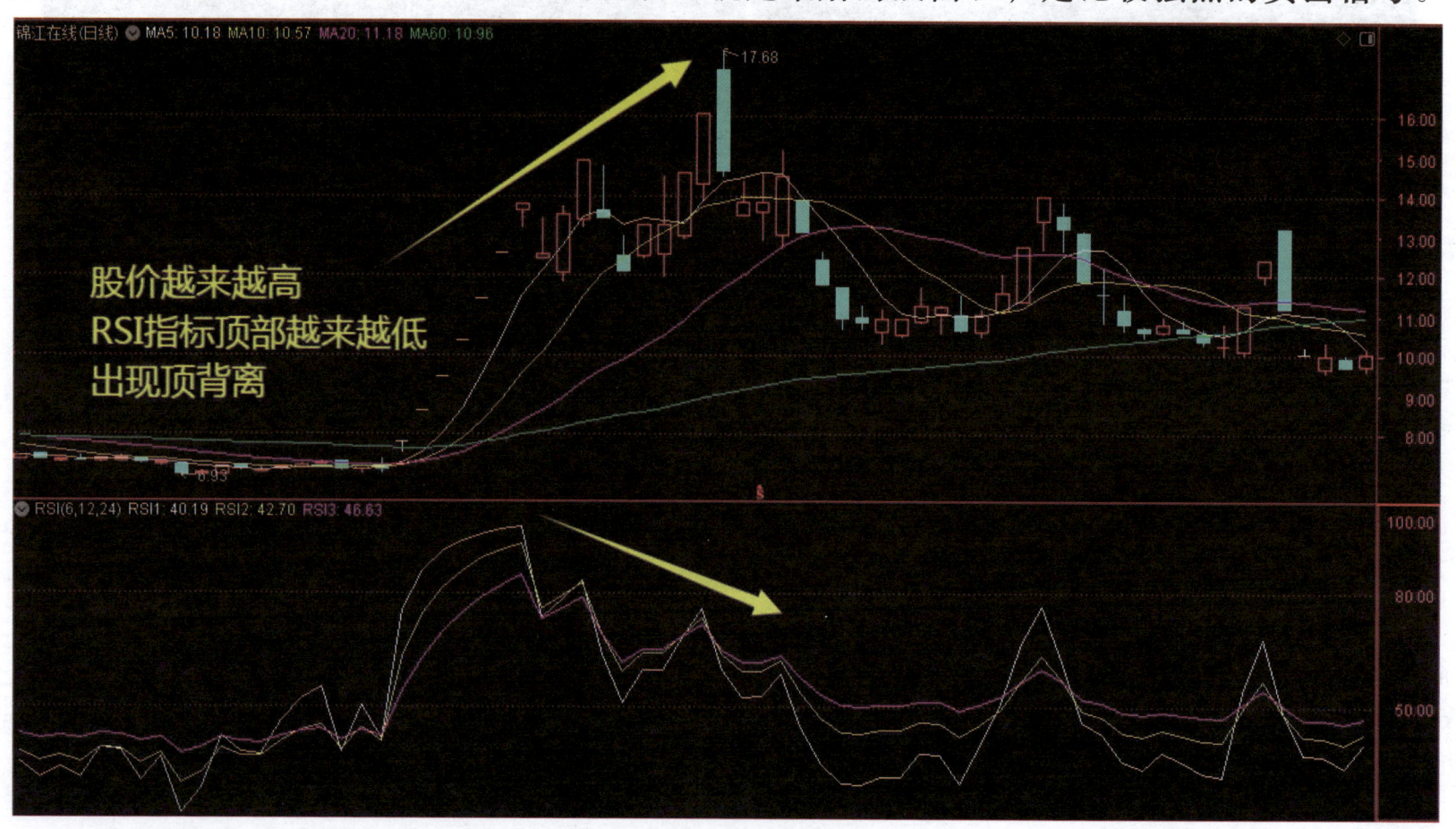

与这种情况相反的是底背离。RSI在低位形成两个依次上升的谷底，而股价还在下降，这是最后一跌或者接近最后一跌，是可以开始建仓的信号。

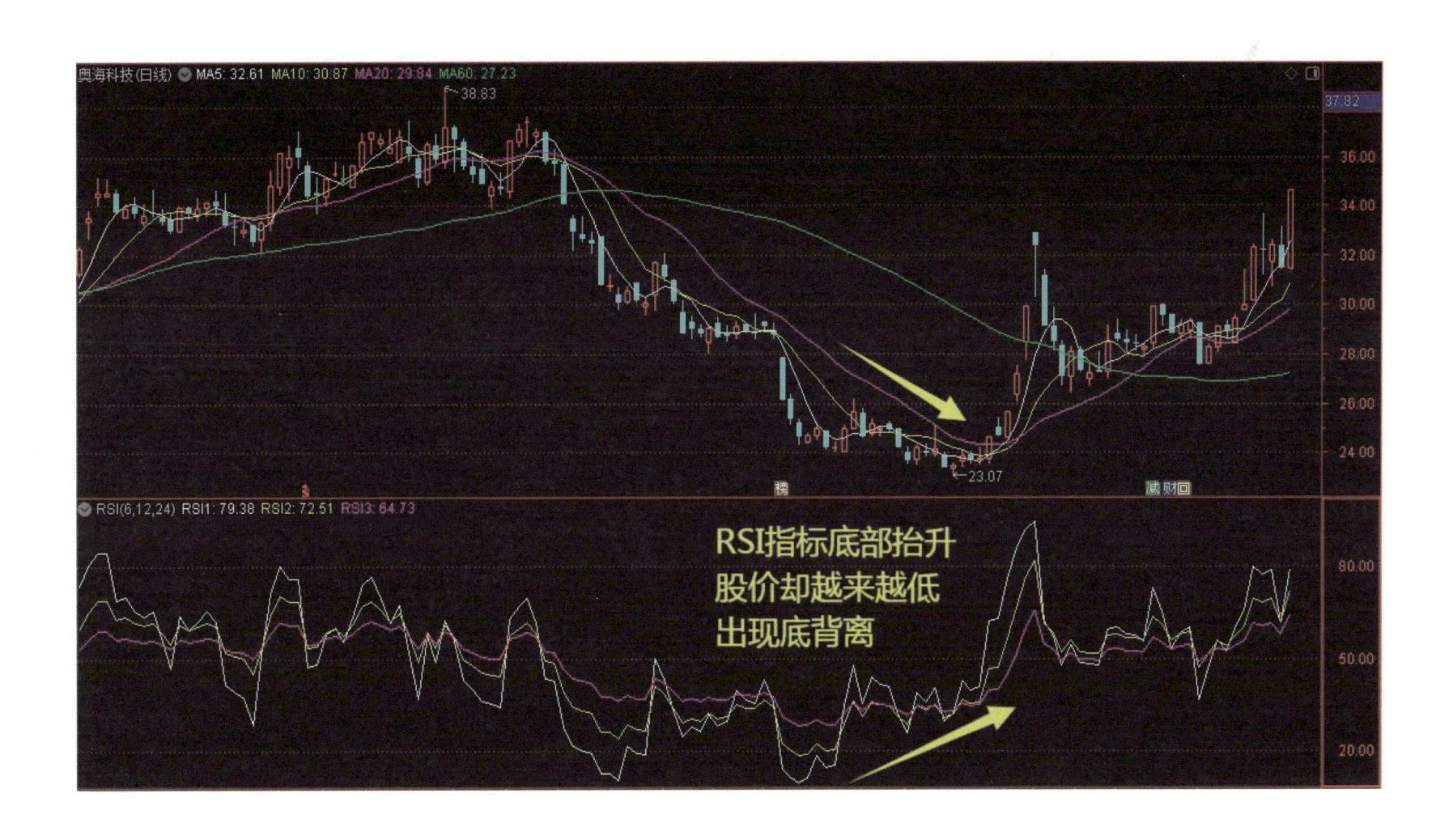

⑤极高的RSI值和极低的RSI值。

当RSI处在极高或极低位时，可以不考虑别的因素而单方面采取行动。

例如，上证指数的RSI如果达到了93%以上，则必须出货；RSI如果低于5%，则一定要买进。

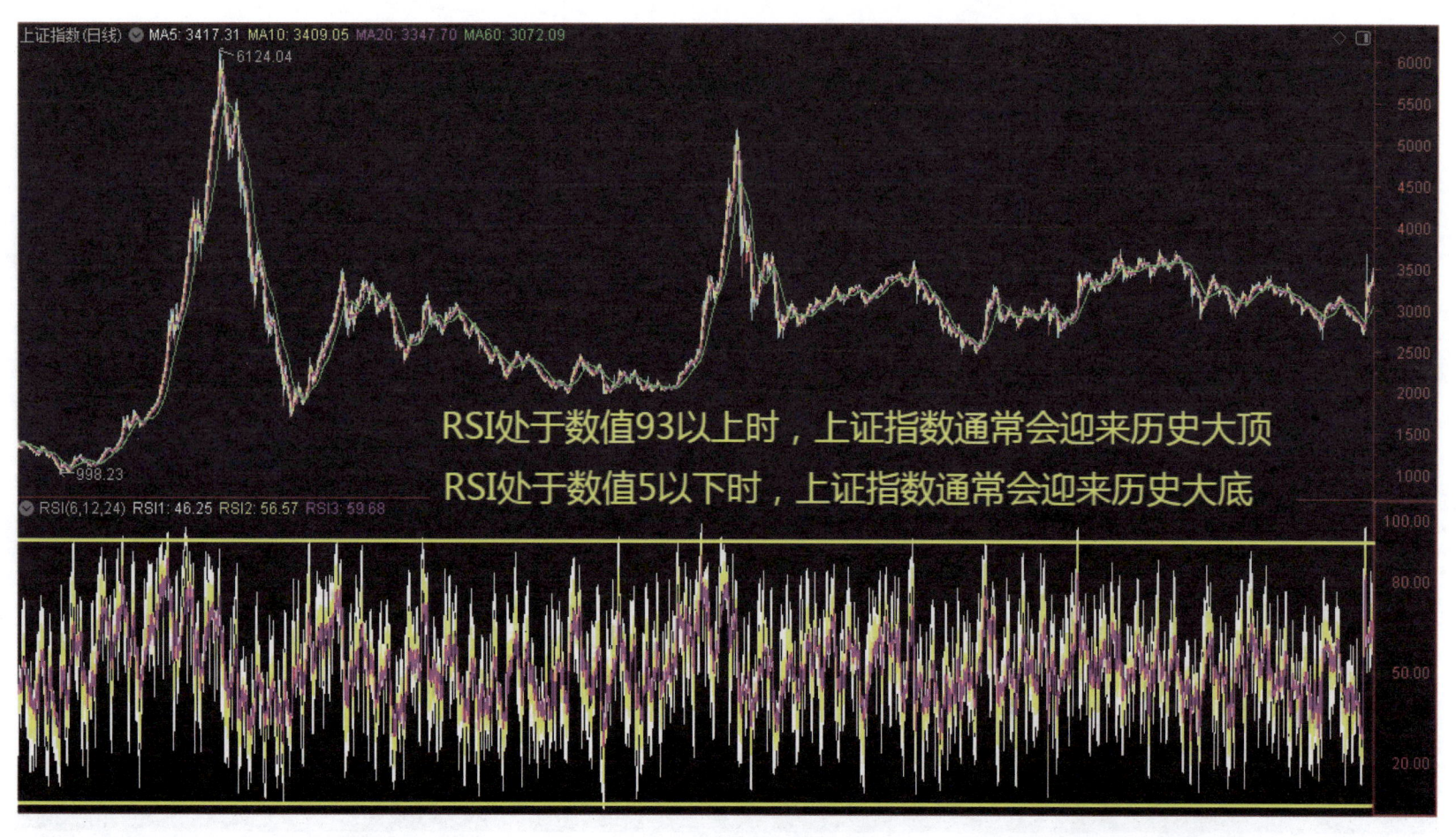

RSI处于数值93以上时，上证指数通常会迎来历史大顶
RSI处于数值5以下时，上证指数通常会迎来历史大底

当然，这里的93%和5%可能是变化的，它与RSI的参数有关，与选择的股票有关。

案例分析：高新发展（000628）2024年1月至2024年4月K线走势图

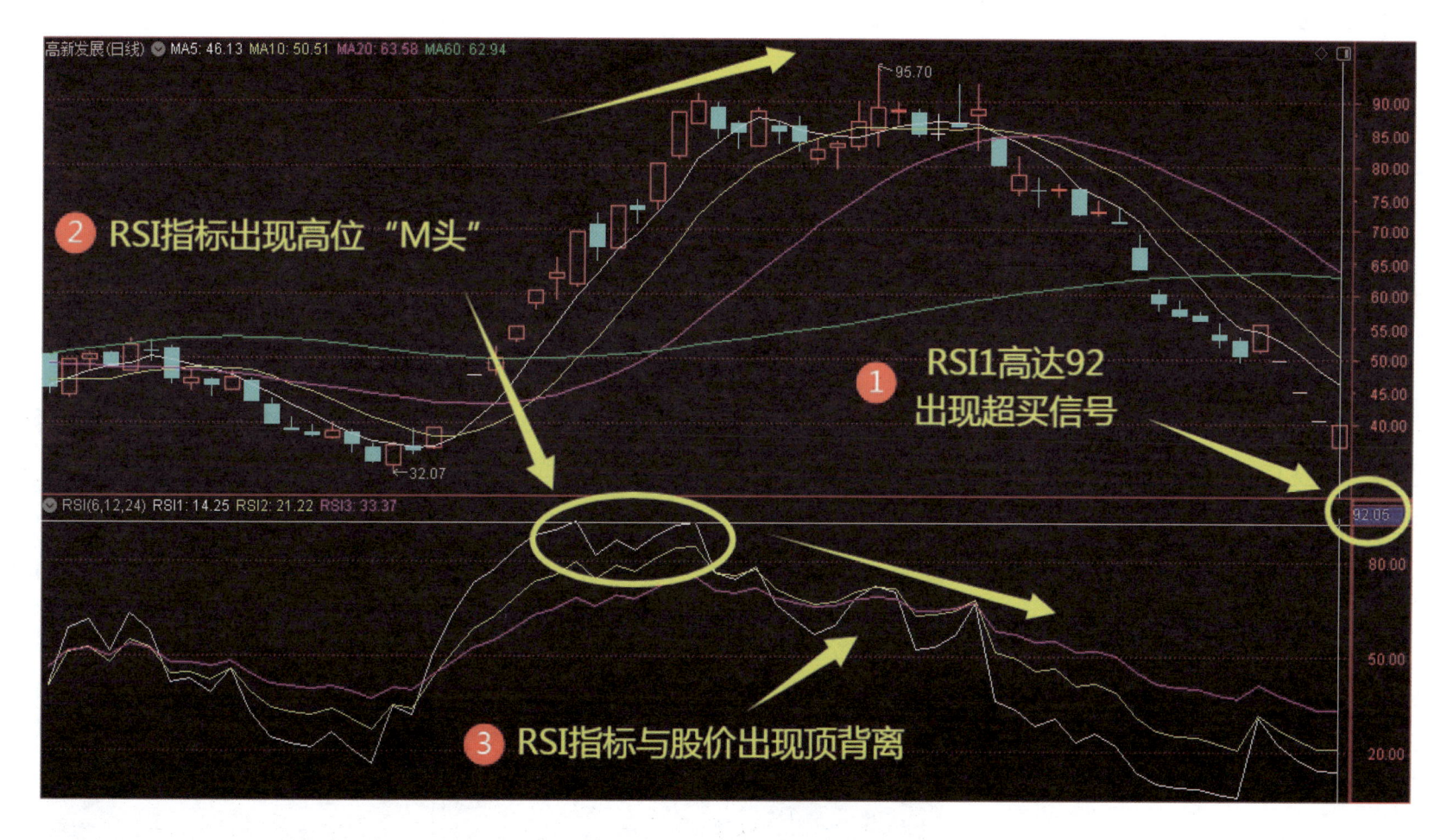

图中可以看出，高新发展的RSI指标在进入80以上的超买区间，形成"M头"后，股价开始见顶，RSI指标继而与股价发生顶背离，此时应及时卖出股票。

（四）板块监测实战分享

针对板块监测，可以从全部板块的涨幅排行榜入手，一步步进行分析。先找到全部板块的涨幅排行榜，进行降序排序，找到涨幅排名靠前的板块，看看是属于行业、概念、风格、地区的哪种类别，从而确定上涨逻辑。

接下来再对各板块指数的日K线及分时走势图进行比较，看看哪个板块指数的爆发力强（板块日涨幅、成交量），上涨趋势明显。

选中强势板块后，再利用技术指标分析查看各强势板块强势股的表现，最终锁定投资标的。

1.涨幅排行初筛选

点击全部板块，发现涨幅排名靠前的板块有电信服务、教育培训、Sora概念、广告营销、知识付费、公路铁路、出版业、质谱AI、短剧游戏等板块，其中除公路铁路板块外，其他都与当下背景的AI创新有关，说明当天主力资金是主要围绕AI创新来布局的。

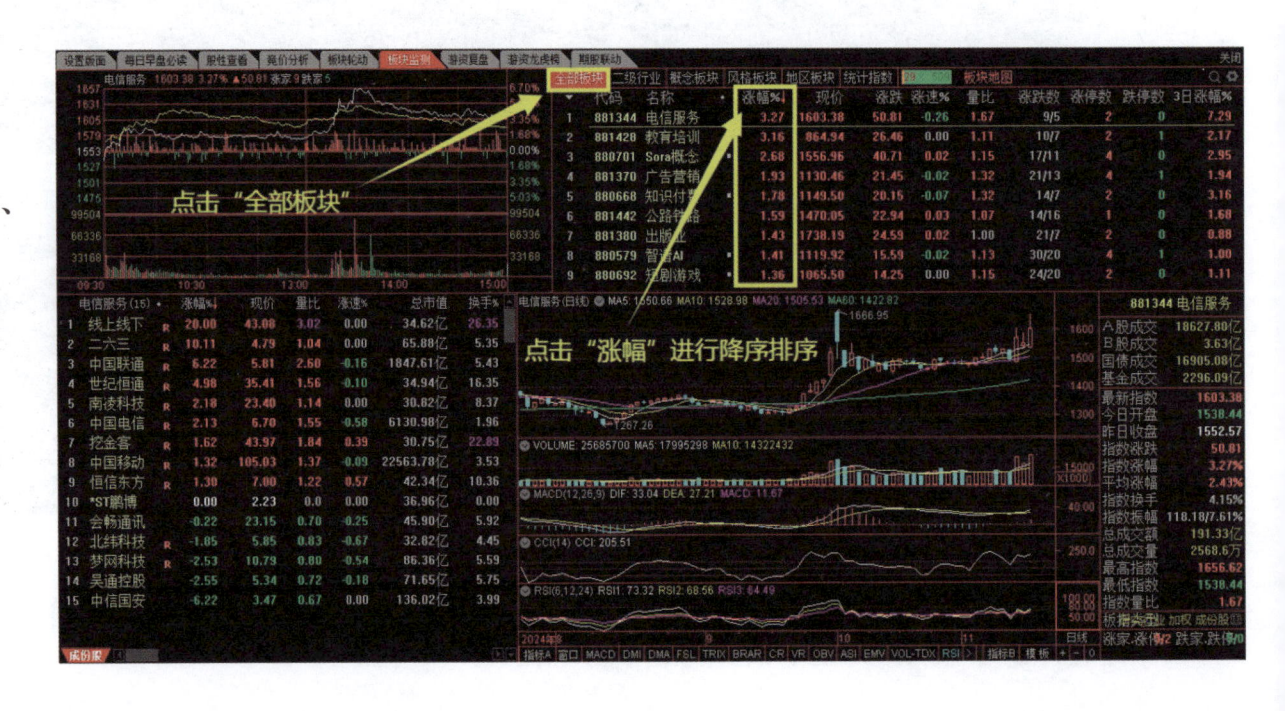

2.走势图里找主力

板块监测盘面之功能导航

教育培训属于行业板块类型
板块涨幅达3.16%
成交量有所释放，量比1.11
二级行业
881428 教育培训
指数涨幅 3.16%
指数量比 1.11

板块监测盘面之功能导航

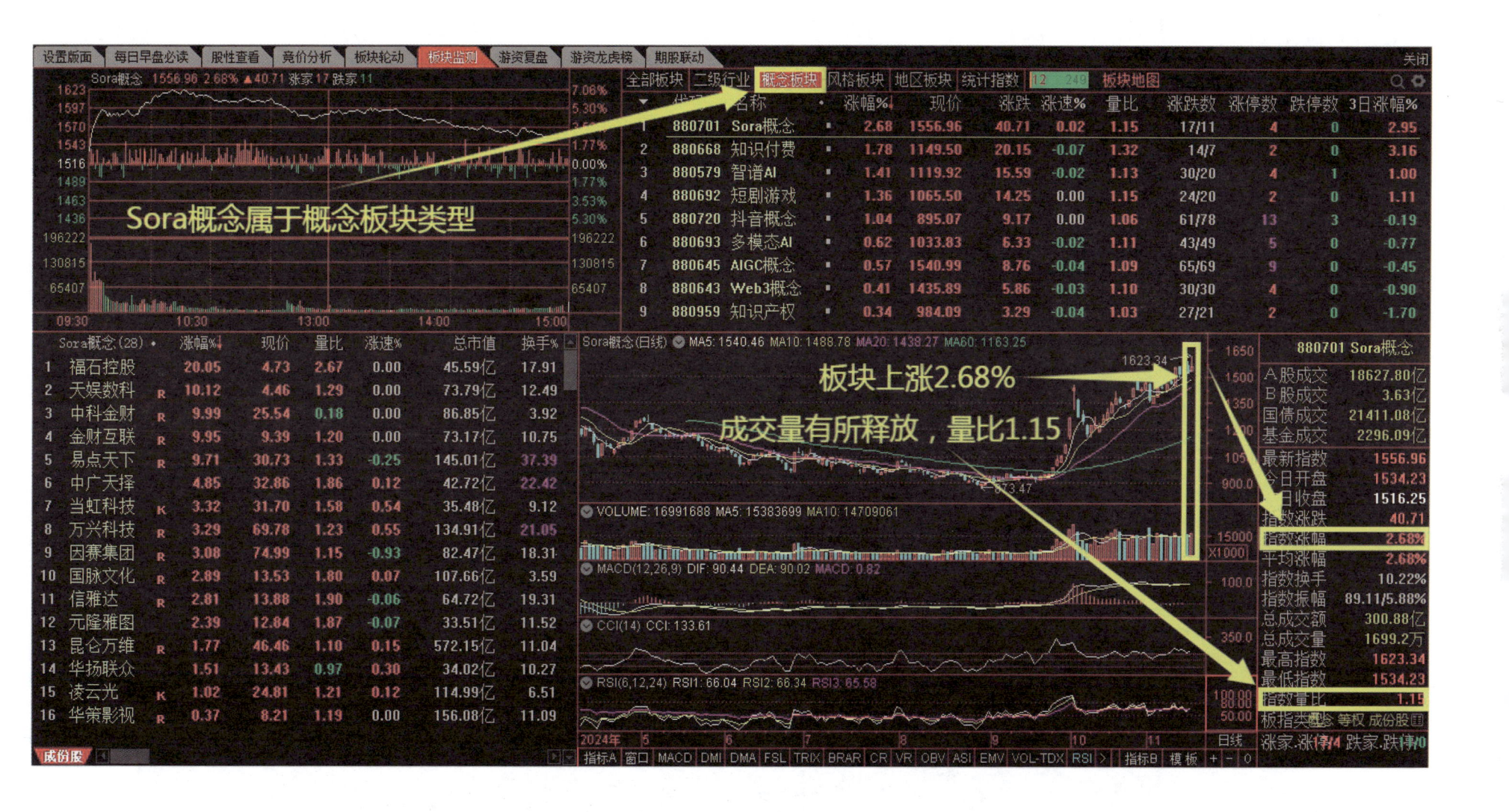

57

排名靠前的电信服务、教育培训、Sora概念板块都持续上涨了一段时间，说明主力对AI科技创新方向的布局有持续性。在这三个板块中，电信服务板块当天的涨幅最多，量比也是最大的，达到了1.67倍，资金流入更为明显，板块指数日K线走势也呈现出放量突破上涨形态。在这种情况下，优先选择涨幅较大的电信服务板块。

3.技术指标定乾坤

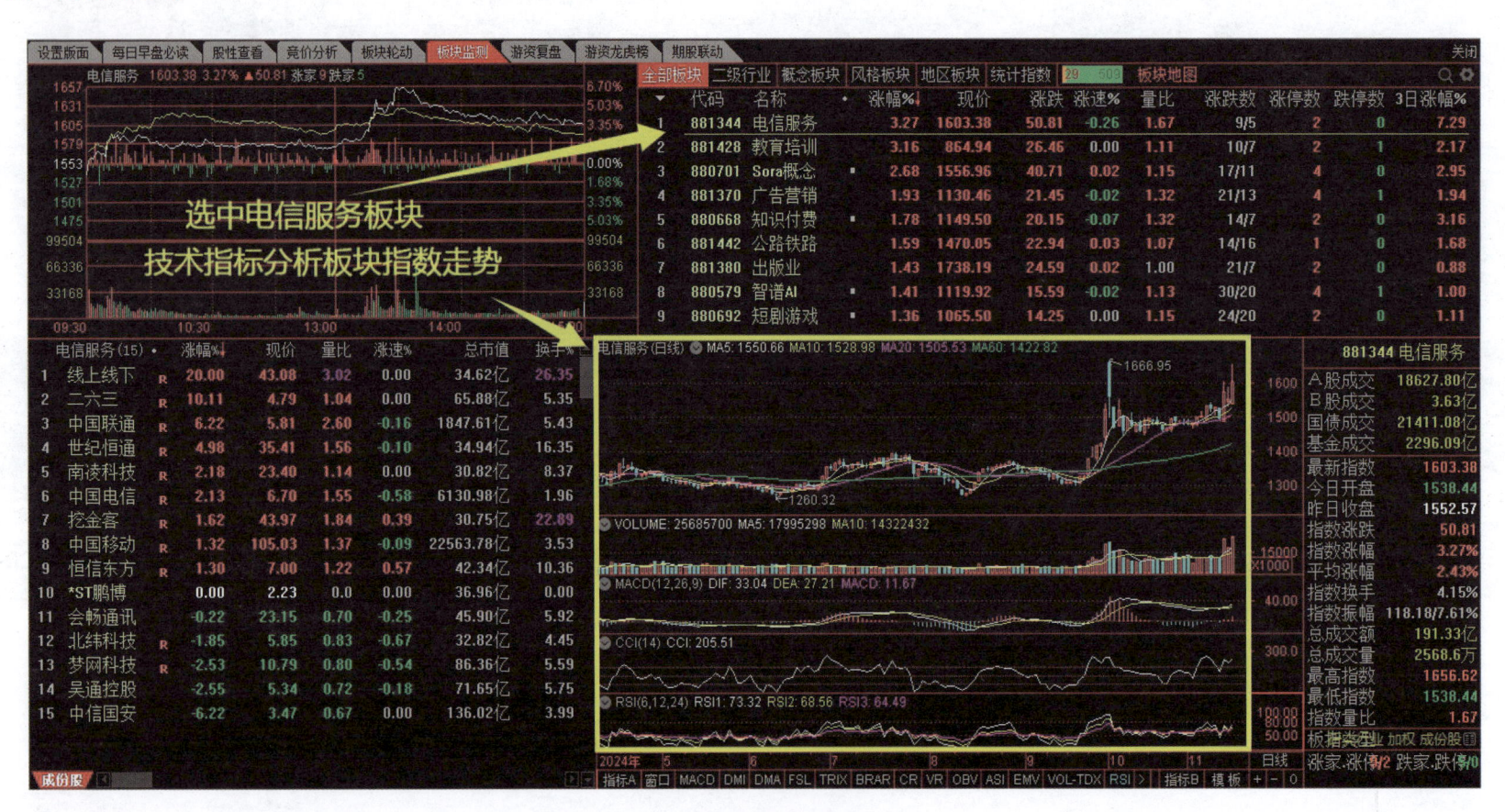

选中电信服务板块后，根据五大技术指标逐一分析。

均线系统指标上，电信服务指数的5日、10日、20日和60日均线呈现向右上方倾斜的多头发散走势。

成交量指标上，5日均量线与10日均量线金叉，且红色量能柱在5日、10日均量线上方运行，呈现放量走势。

MACD指标上，DIF线与DEA线均在0轴上方运行，且DIF线上穿DEA线形成金叉进攻态势。

CCI指标上，CCI指标从下向上突破+100线进入非常态区间，股价开始脱离常态，进入异常波动阶段，发出短线买入信号。

RSI指标上，RSI1、RSI2与RSI3均小于+80，还未释放超买信号，上涨趋势有望得以延续。整体来看，电信服务指数仍处于多头市场，上涨趋势有望延续，注意及时把握其中个股的投资机会。

个股选择上，优先选择总市值较低的个股，因为总市值较低的个股总是更容易引来各类资金的跟风炒作，股价更容易获得拉升。

选中电信服务指数，在左下方的成份股里点击总市值指标，进行升序排序。

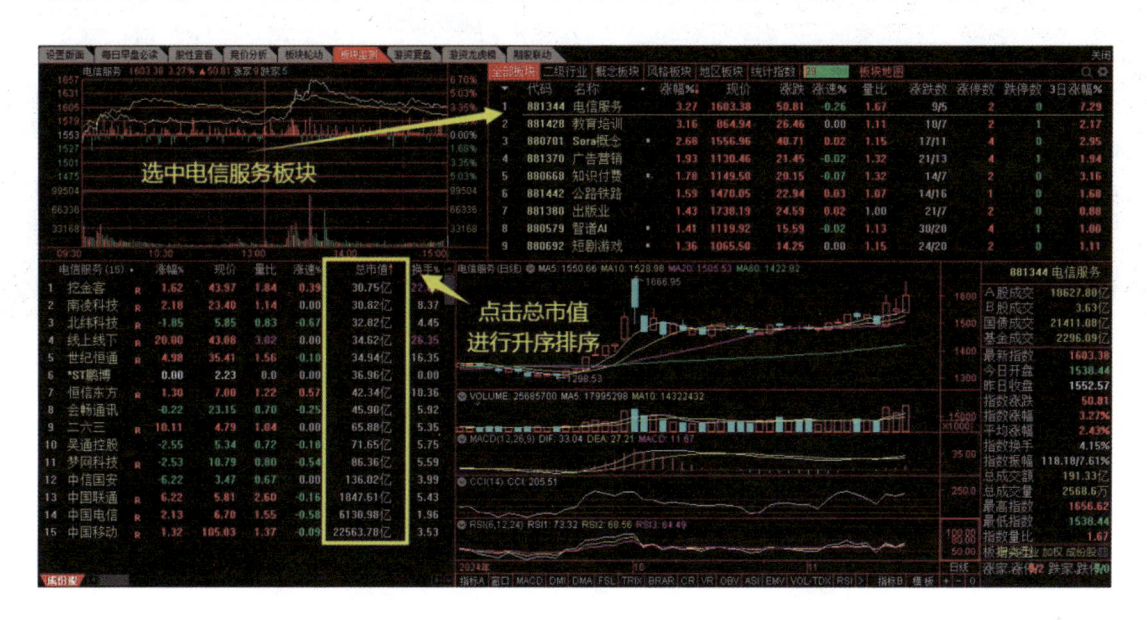

选出总市值较小的个股后,还要找出换手率在7%左右的涨停个股。换手率在7%附近,说明个股交易活跃但又不过于活跃,以规避主力出货风险。

根据以上选股规则，选出了线上线下和二六三这两只涨停个股。线上线下这只个股的总市值虽然更低，但其当天的换手率高达26.35%，而二六三5.35%的换手率显然更符合选股规则，最终，选择二六三作为投资标的股。

作手操盘之定胜手册

双击二六三，进入个股页面后，运用五大技术指标逐一分析。

均线系统指标上，二六三股票的5日、10日、20日和60日均线呈现向右上方倾斜的多头发散走势。

成交量指标上，5日均量线在10日均量线下方，但当天放量后红色量能柱重新站在5日、10日均量线上方，呈现放量走势，需要关注其放量持续性。

MACD指标上，DIF线与DEA线均在0轴上方运行，且DIF线上穿DEA线形成金叉进攻态势。

CCI指标上，CCI指标当天从下向上突破+100线，重新进入非常态区间，股价开始脱离常态，进入异常波动阶段，发出短线买入信号。

RSI指标上，RSI1、RSI2与RSI3均未大于+80，且RSI1上穿RSI2与RSI3形成金叉，有望持续上涨。

整体来看，二六三仍处于多头市场，上涨趋势有望延续。需要注意的是其成交量能否持续放量，进一步支持价格的上涨。

投资日记

作手操盘之定胜手册